不倒的蘆葦

漸凍英雄蕭建華的生命故事

周大觀文教基金會第11屆全球熱愛生命獎章得主

蕭建華◎著

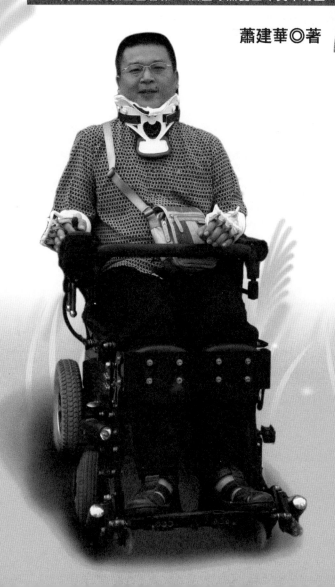

不倒的蘆葦

漸凍英雄蕭建華的生命故事

目 錄

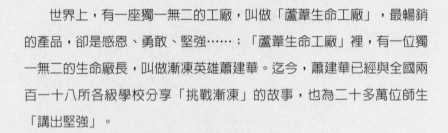

不倒翁的生命
周大觀文教基金會創辦人　周進華

世界上，有一座獨一無二的工廠，叫做「蘆葦生命工廠」，最暢銷的產品，卻是感恩、勇敢、堅強……；「蘆葦生命工廠」裡，有一位獨一無二的生命廠長，叫做漸凍英雄蕭建華。迄今，蕭建華已經與全國兩百一十八所各級學校分享「挑戰漸凍」的故事，也為二十多萬位師生「講出堅強」。

2007年七月二十九日星期天，一早，青天無一片雲，我與周大觀愛攝影義工團長鄭寶琳從台北直奔台南縣新化鎮，全程拍攝「漸凍英雄蕭建華活出希望的一天」，幽默的蕭建華極為艱難的癱坐在電動輪椅，蕭建華滿臉微笑自稱為F1賽車手，右手發抖按下啓動鈕，我們陪伴他穿梭新化鎮大街小巷，沿路上都有人鼓掌為他加油，還有車子、行人主動讓路，有如總統出巡，讓他優先通過，隨後在新化國小、新化高中等校園留下身影。接著，揮別蕭建華的知心伴侶薛慧鈴最慈悲的父母親（他們

一家人提供蕭建華無微不至的人間最愛），我們來到了蕭建華的母校成功大學，從榕園到成功湖，從舊文學院小樓到新文學院大樓，從鳳凰文學散文獎到鳳凰文學戲劇最佳演員獎，蕭建華如數家珍地訴說輝煌的過去。最後，蕭建華親臨法鼓山文教基金會主辦的「小菩薩暑期生命體驗營」，與三百多位就讀國小的小菩薩分享「光明的人生」，當蕭建華說到他在孤兒院上小學時，還不知道世界上有一種人叫「爸爸、媽媽」時，忽然鴉雀無聲；當蕭建華說到「再苦，都要笑給愛你的人看」時，如雷的掌聲不斷；當蕭建華說到「希望大家懂得感恩、熱愛生命、活在當下，今天是我和大家的第一場，也是最後一場生命的分享」時，頓時啜泣聲此起彼落。

在趕回台北途中，一幕幕蕭建華與小菩薩的生命對話，不斷地在我的腦海裡重播，踏進家門時已經晚上九時許，周媽媽正在督促愛子周天觀睡前讀經的功課，周天觀剛好在朗誦唐朝詩人李白的「春夜宴從弟桃李園序」：「夫天地者，萬物之逆旅也；光陰者，百代之過客也。而浮生若夢，為歡幾何？古人秉燭夜遊，良有以也……。」正好為今天拍攝「漸凍英雄蕭建華活出希望的一天」作了開場白。

蕭建華三歲被送至孤兒院，十一歲被退伍老兵、原住民夫妻領養，

十三歲國中二年級因養父病逝，即半工半讀——當桿弟、送報、送便當、當學徒，扶養體弱多病的布農族養母。

蕭建華二十六歲養母病逝，二十八歲考上台南一中補校，直到2002年六月以三十六歲高齡第一名畢業於國立成功大學夜間部中文系，正要賣力迎頭趕上大家，並將和十多年來一路扶持、鼓勵的女友薛慧鈴結婚。

豈料生命無常，晴天霹靂，2003年九月被成大與台大、榮總會診出罹患「慢性多發性脫髓鞘神經病變」（簡稱CIDP，俗稱漸凍人），由免疫系統攻擊神經鞘膜引起病變——從身體最遠端慢慢往身體中心破壞。除了女友薛慧鈴不離不棄守護身旁，成大老師、學弟、學妹也自動排班輪流照顧他，讓深受感動的蕭建華把藏在書桌下準備燒炭自殺的木炭，在中秋節拿出來與學弟、學妹們一起烤肉。

同時，在各界湧入關懷後，蕭建華帶著鋼架、枴杖，揮別陰霾，迎向陽光、走進校園，於2005年十月完成了第一百場生命分享後，想搬到山上等待生命平靜結束。

豈料禍不單行，於2005年十一月二十日因住處電線走火，不但把建

華僅有的東西付之一炬，還燒死輪流照顧他的學妹，人生至此，天道寧論，蕭建華化最大的悲痛為力量，再度為追思學妹黃智勝演講一百場，從「再苦，也要笑給天看」，到「再苦，都要笑給愛我的人看」。

由是蕭建華先生挑戰漸凍，揮別陰霾，迎向陽光，講出堅強，自助助人，把愛傳出去，不愧為「漸凍英雄」。蕭建華先生的生命故事，深獲周大觀文教基金會「2008年全球熱愛生命獎章評審委員會」的感動與肯定，從全球一千八百六十八件熱愛生命獎章候選人中脫穎而出。

永遠記得，迄今已出版十六種語言五百一十三萬多冊的愛子抗癌小詩人周大觀遺作《我還有一隻腳》，至今仍塞爆網路感動詩句：「我還有一隻腳，我要站在地球上，我還有一隻腳，我要走遍美麗的世界。」正與漸凍大英雄蕭建華：「我還有一口氣，我要永遠講下去。」英雄所見相同。

任何生命，正如張愛玲的名言：「長的是磨難，短的是人生。」如果大家願意為漸凍英雄蕭建華等為生命搏鬥的人多留一口氣，誠摯恭請大家人手一冊：好好閱讀這本台灣生死書──《不倒的蘆葦─漸凍英雄蕭建華的生命故事》。

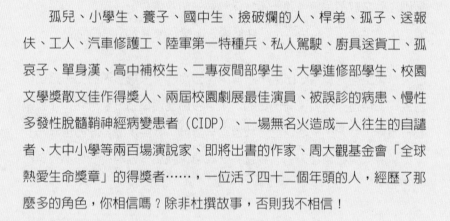

我在成大，大成在我

成功大學中文系主任 王偉勇

　　孤兒、小學生、養子、國中生、撿破爛的人、桿弟、孤子、送報伕、工人、汽車修護工、陸軍第一特種兵、私人駕駛、廚具送貨工、孤哀子、單身漢、高中補校生、二專夜間部學生、大學進修部學生、校園文學獎散文佳作得獎人、兩屆校園劇展最佳演員、被誤診的病患、慢性多發性脫髓鞘神經病變患者（CIDP）、一場無名火造成一人往生的自譴者、大中小學等兩百場演說家、即將出書的作家、周大觀基金會「全球熱愛生命獎章」的得獎者……，一位活了四十二個年頭的人，經歷了那麼多的角色，你相信嗎？除非杜撰故事，否則我不相信！

　　但我不得不相信。民國九十年九月我隻身南下，到國立成功大學中國文學系任教，在進修部開了一門「蘇辛詞」。第一堂上課，甫入教室，見到一位剪著平頭、看起來比一般同學年長的人正認真的擦著黑板、收拾講桌，頓覺「孺子」可教也！忍不住稱讚了他，也就知道他叫

蕭建華。而後每一堂課他總是盡責的做同樣的事，一年下來這個值日生似乎沒有換過。課堂中，我偶爾會提些問題，或適時穿插一些遺聞軼事，他總是以字正腔圓的語調相回應，也蠻能夠自我消遣，堪稱妙語如珠，反應敏捷。同學告訴我，他是上屆（第十七屆）鳳凰劇展的最佳演員呢！第二年，我親自看到他在「茉莉花」劇中飾演視錢如命的幼稚園園長，果真演技精湛，名不虛傳，當然也再度抱走了那一屆的最佳演員獎。

民國九十二年，我在上「詞曲選及習作」課程的時候，提到了這位蕭同學，並向學弟妹們稱讚他的表演天分，還請認識他的學弟妹們代為轉達：「老師想念他！」隔週剛上完課，一個拄著柺杖，纏著許多繃帶的蕭建華突然出現在課堂外，我看了嚇一跳，狠狠的拍了他一掌，並對他說：「來看老師也要打扮成這個樣子？你是不是演戲演過頭了！」只見蕭建華以比平常看起來嚴肅的表情回答說：「老師！對不起，我用那麼邋遢的穿著來向您請安！我罹患了莫名的病，頸部剛動完手術……」我頓時整斂了形容，認真的關心他的病情。

沒想到畢業一年不到的時間，一個才華洋溢，深具表演天分，活潑、伶俐的蕭建華，竟然徹底的變了一個人！過了好一陣子，病兆總算

明朗，他所罹患的是類似「漸凍人」的病，是一種與死神爭一分一秒的病。不過四年過去了，蕭建華還堅強的活著，九十六年九月，他不但要出書，還要在當月二十二日接受周大觀文教基金會所頒予的「全球熱愛生命獎章」，這是多麼不易，多麼值得慶幸，多麼值得喝采的生命！

我曾經是蕭建華的老師，目前又是成功大學中國文學系系主任，有幸先讀到他的部分草稿及大綱，謹藉著這篇短文，略述他生命中在成大與我相識的點滴緣分。至於在此之前，畢業之後的蕭建華，究竟遭遇到什麼命運？他又如何面對命運？細讀本書的每一個字，你一定會感受到：能活著真好！

你也一定會驚訝：一位活了四十二個年頭的人，竟然經歷了那麼多的角色！

附記：「我在成大，大成在我」，是成大中文系許長謨教授所撰的文句，謹用以頌勉蕭建華！

漸凍英雄蕭建華的
最愛是圖書館。

漸凍英雄蕭建華到
成大文學院修齊大
樓巡禮。

點燈的勇者——蕭建華
國立台南高工老師 黃大峻

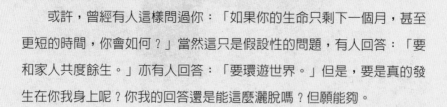

　　或許，曾經有人這樣問過你：「如果你的生命只剩下一個月，甚至更短的時間，你會如何？」當然這只是假設性的問題，有人回答：「要和家人共度餘生。」亦有人回答：「要環遊世界。」但是，要是真的發生在你我身上呢？你我的回答還是能這麼灑脫嗎？但願能夠。

　　我的大學同學蕭建華在民國九十二年三月罹患「多發性脫髓鞘神經病變」，這是一個徹頭徹尾的絕症！至今，全世界尚無治本之法！在台灣，只有不到一百個案例！也因此，在他的「未來夢想文件夾」中，刪除了「和心愛女友小鈴預計在明年結婚」，消除了「立志當一個優秀的相聲演員」，插入了「活一天賺一天」這個病毒！！癌症和愛滋病的研究和治療成功率遠遠勝過這種病，這種病連怎麼產生的都摸不清頭緒，這種病只是會讓你四肢逐漸萎縮，然後咽喉萎縮，最後窒息而死，但不知能活多久：若換了你，你還想環遊世界嗎？若換了你，你不怕和家人

相處反而會拖累他們的生活嗎？蕭建華不會想要環遊世界，不只是他已沒了工作、沒有錢，蕭建華更不會想要和家人相處，因為，他從小就在孤兒院長大！

他的命運乖舛，還記得第一次我去探望他時，他只苦笑地說：「別人不要的，我全部都拿到了！」剎那間，我頓悟了幸與不幸的定義；當時，我下了一個決定，是否能回到成功大學中文系獲得強大的資源來幫助他呢？所幸，熱心的師長和學弟妹們已經透過BBS知曉建華的病事，正苦無聯繫建華的管道。天本無絕人之路，從此，募款的募款、探望的探望、祝福的祝福！系上教授發揮龐大的社會人脈資源，獲得來自社會大眾的影響和關心，在九十二年十一月到十二月之間，建華多次出現在平面媒體和電子媒體的報導中。由於突如其來排山倒海的關懷，建華的生命從「等枯萎」轉變成「永不凋零的勇者」，曾經一度想要用燒炭結束生命的他，竟然發現燒炭不一定要用來自殺，用它在中秋節烤肉更有意義！

記者問他：「為什麼你在遭受到這麼重大的打擊時，還能這麼勇敢？」建華說：「我活著已經是一種責任，而不是單單一種感覺；有那麼多人在關心我，我怎能說走就走？我想說的是，『當絕望來到眼前

時，別忘了，希望就在轉角！』有位新竹失去孩子的媽媽特地打電話來告訴我，她的孩子不是因為同一種病而走，是意外！但，她告訴我，她也曾一度尋求自殺，不過，後來想通了，她要我『不要老是去想失去的東西，而是要常常想我們已經得到的東西！』我不能老是想著我失去的生命長度，我開始珍惜因此增加的生命寬度，我失去了上帝的偏愛，我得到了這麼多人的關心，即使，我們根本沒有血緣關係，可是，我卻被當成他們的家人來呵護，所以，我還有什麼藉口埋怨上天；上天，若真的關上人的一扇門，一定會在某處開一扇窗等你發現！」

在這段日子的相處，原以為我是來幫助他的，但是，漸漸地，我看著建華一路走來的改變，看著他勇敢地承擔這樣巨大的生命變數，看著他溫柔地珍惜四面八方而來的福緣，我也被他影響了，事實上，我覺得是他在幫助我，幫我點亮心中那盞燈，讓我看到生命的真諦，讓我看到我的責任，讓我學會面對的豁達！

後來，我伴隨建華前往台北華視錄製「點燈2003」這個社會關懷人文的溫暖節目，過程倒也平順，也順利地在民國九十二年十二月二十八日播出。我雖然也在螢光幕上軋上一角，但，看著建華傾吐心路歷程，突然感覺到，我應該調整另一種角度來看他了，我覺得，建華已經變成

一位活菩薩，他不斷地自剖這一段變故，他也不斷地用自身的不幸來開示周遭的人們，甚至，他後來更接受加拿大華人廣播的越洋電訪，他也去了長榮大學做生命教育分享心得，他更受邀至嘉義監獄為受刑人見證分享自己的大悲、大喜，那些受刑人在他演講之後，掌聲如潮水澎湃響起，歷久不散！直到他步出會場，掌聲依舊熱烈未停……。這段時間，建華不但治療了自己的心，更溫暖了多少陌生人的心！

點燈，是為了得到溫暖；點燈，是為了看清生命；點燈，更是為了抵抗黑暗；點燈，更是為了傳承，以燈點亮另一盞燈！蕭建華，他就是這樣以自身的經歷，透過大家的愛心，轉化成一位點燈的勇者！永不凋零的勇者！

後記：蕭建華在九十三年二月十八日來到本校演講，獲得同學熱烈迴響！！

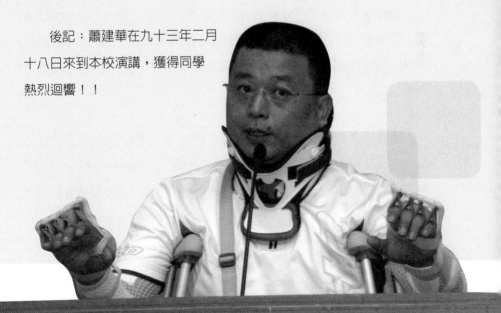

圓滿的人生

教育部生命教育諮詢委員會委員 紀潔芳

多年前曾在高雄聆聽過建華的講演，大家看著他行動不便步入會場，還真有點擔心，但建華一開口，彷彿有魔力似的，全場都感染了他充沛的生命力，建華熱情洋溢的聲音，扣人心弦的生命故事，令大家感動不已。我和建華不熟悉，或許從生命教育角度來為本書寫序，也許會有另一番的看法。建華的書稿，拜讀再三，深覺得他實踐了他書中所說的每一句話。這些出自肺腑的生命經驗，對青少年是很有激發力的。

建華說要發揮你所擁有的，不要只埋怨你所沒有的，在求學過程中，雖清貧，但他勤奮好學，每次語文競賽及考試都是名列前茅，他帶著無比的信心過日子，頗有子路雖身著破棉袍，但有千萬人吾往矣坦然自若之氣概。

建華天性仁孝，孝經上說：「立身行道，揚名於後世，以顯父母。」，建華做到了。建華在學校品學兼優，令養父母欣慰。在大榕樹下做功課，亦以小老師身分帶動社區的孩子讀書，朗朗書聲帶動的讀

書風氣，亦啓發了不少家長，讓孩子放學回家加入讀書的行列，不是光幫農務，這些看在養父母眼中，頗為欣慰。課餘當桿弟、撿破銅爛鐵積存的錢全數繳給養父母。小學畢業榮獲縣長獎，養父席開三桌，宴請親友，可見老人之歡喜。養父中風，彌留之際，建華在養父身邊輕聲：「爸爸！我愛您，我會好好孝順您，你要好起來……」，養父雖昏迷，但眼角滴著淚水，在老人臨終前，適切之生命回饋，令養父安然離去，盡了人子之大孝。

初中畢業，幾經考慮，退回了母親給的報考高中的報名費，唸書是任何時間都可以入學的，但母親的奉養是要及時的。建華在工作中省吃儉用，所賺的薪水均寄回給母親。退伍後回南投參加點閱召集，母親特地準備了一桌豐盛的酒菜，母子歡聚暢談，好開心，建華說那是家才有的味道。難怪建華書中寫下「上天刻意安排的點閱召集」。

建華平日待人處世也是位有情有義的人；建華被養父母領養離開孤兒院時，竟是淚眼相送，頻頻回首，念舊不忘本是人性中最尊貴的！小學時建華第一次吃到同學的生日蛋糕，心中喊道：「人間竟有如此美味！」，但只嚐了一口，剩下的用衛生紙包好，要分享給最敬愛的美華姊姊。又抱著「不試怎麼知道」的理念參加大專夜間部考試，當知道考

上成功大學中文系時，沒有很開心，因為好朋友沒考上……。建華在最好的時光，在最榮耀的時刻，第一個想到的是別人，實在是一位有情有義、值得深交的朋友。

在中文系求學時，建華真的是把書讀進去了；在歷史故事中，領會了先賢的忠孝節義。在古文詩詞中，一睹了前人的風采，建華深刻的領會中國文字之美，他說：「一草一木可以驚天地、一字一句可以泣鬼神，釋文之義、傳人之情、達天之理……」，文字的力量，撼動了建華的心，亦培養了建華讀書人的風骨。建華更能古書今用，這使他在往後參加鳳凰樹文學獎及鳳凰劇展中均能脫穎而出。

當建華遭逢無法治療的病痛及一場無情火，燒掉了他所有的書及著作，更痛的是學妹喪生了，這種種打擊，亦令他低沉徘徊，甚至已準備好木炭要自殺，但深厚的學養、師友的鼓勵，終究使他站起來，化悲憤為力量，兩百場的講演，感動了多少莘莘學子，人的內涵及功力，是當種種逆境出現時，還能勇於突破，才見真功夫！

認識周大觀文教基金會創辦人周進華先生的人都知道，有時會接到周爸爸十萬火急、限時限刻的作業，大家非但不以為意，反而是感動和

感激。感激的是有了一個服務的機會，感動的是周爸爸的熱情，雖然人間有憾，但周爸爸總是設法讓生命圓滿，關愛生命是要搶時搶刻的。在周爸爸鼓勵下，建華的生命故事完稿了，這本有血、有淚、有歌、有笑的書將會振奮許多人的生命鬥志。原來透過慈悲與智慧，是可以讓時不我與的生命發光、發熱，雖然是在2007年，但依然可圓2008的夢，讓生命無憾。

一個有內涵的人當身體不能做主時，心中依然清朗，能做自己的主人。有時生命的長短已經不是最重要的事，重要的是生命的意義、生命的豐碩、生命的傳承及對別人的生命所產生的意義。建華曾擁有慈愛及以他為榮的父母親，有賞識他的良師，有一群患難見真情的生死之交，尤其是小勝、有知心摯愛的紅粉知己小鈴及無微不至關照他的小鈴的雙親、豐碩的生命故事亦將出版，建華的人生是圓滿的。

在生命教育教學中，生命鬥士的故事是最受學生喜愛、最動心的；像陳俊翰、楊恩典、謝坤山、呂文貴、莊馥華等的生命故事，賺了不少年輕朋友的熱淚，也提升了他們承擔挫折的能力，當年輕朋友碰到困難時，這些生命典範的堅毅精神會自然浮現心中引領他們，很高興蕭建華的書及DVD亦加入了生命鬥士的行列，欣喜之餘，寫下了心中的感動！

生命最後關頭就是愛

台南捐血中心護理師 薛慧鈴

　　第一眼見到蕭建華，並沒有怦然心動，就和許多擦身而過的路人一樣，沒什麼特別的感覺。當時剛滿二十一歲的我，心裡自有一幅白馬王子的畫像，他不是我所想要的。因為工作的關係，見了第二次、第三次面，在閒聊的過程中我才發現，眼前這個其貌不揚的人，其實有著一段很不平凡的奮鬥歷程。從好奇到想多瞭解，因為瞭解而欣賞，因為欣賞而結下了情緣。

　　曾經聽別人說，男人在感情熱戀之初與穩定之後的落差很大。但是這十年一路走來，他卻能始終如一。我想大概就如他所說的：「吃過了苦，知道一切都是得來不易，所以會特別用心珍惜。」去年七月，他不知在何處打探到凱蒂貓（HELLO KITTY）在高雄國軍英雄館有一場特賣會，便自己從台南搭火車到高雄去，想買一些我喜歡的東西給我驚喜。擔心身上的錢不夠，不敢搭計程車，竟然從高雄火車站走了四公里的路

到特賣會場。頂著盛夏的驕陽，這四公里他撐著枴杖，走了將近兩個小時。當我回到家，看到他緊緊握著那一袋特賣會的戰利品，已經累癱在床上，連說話都有氣無力時，我既感動又不捨。已經不是熱戀期了，他大可不必這樣處心積慮的討我歡心，但是，他卻說：「對不起，百貨公司的凱蒂貓都很貴，我買不起。現在難得有機會用最便宜的價格，買到妳最喜歡的東西，如果我不去做，那麼我一定會後悔。走一點路、流一點汗，如果能換來妳的開心，我願意！」

他是一個心思細膩的人，會牢牢記住我的喜惡。我不喜歡吃的，他會先挑起來留給自己，偶爾朋友送來名產、美食，他不會急著品嚐，一定等到我下班再一起分享。他是一個性格耿直、心地善良的人，有時在路上看到拾荒老人，他會生氣也會難過。為那些為人

漸凍英雄蕭建華與知心伴侶薛慧鈴

子女的棄養不孝而忿忿不平，為老人的晚景淒涼感到不勝唏噓。他是一個對未來有企圖心的人，儘管他遇到許多挫折、艱難，但我在他身上看到了無比的韌性，相信他一定能有一番作為。不料，一場突如其來的怪病，無情的摧毀了我們共同的理想。

看著他日以繼夜地被病痛折磨、摧殘，我好希望能為他分擔一二，但是我不能，只能默默陪在他身邊。眼睜睜地看他痛得在地上打滾，聽他時而低沉、時而高亢的悲鳴，我的心就像被撕裂般的痛楚。在他罹病初期，因為藥物的影響，使他脾氣變得暴躁，有時會無端招惹一頓痛罵，甚至為了不想耽誤我的未來，還用盡辦法想趕我走。但是我知道那絕非他的本意，所以選擇無限的包容。曾經有人勸我放手，但是我無法割捨，更無法坐視他一個人面對無盡的考驗。

「不到最後關頭，不會知道結果。」這句話我常常用來鼓勵他也鼓勵自己。陪著他走過這一段艱苦的抗病路程，我看到人可以很懦弱，也可以很勇敢。不同的選擇，結果就會不一樣。很高興我和他一起站在勇敢的這一邊，相信我們一定有更好的可能。有這一絲希望，就值得堅持到最後。建華，加油！

漸凍英雄蕭建華完成第兩百場演講後其知心伴侶薛慧鈴守護身邊。

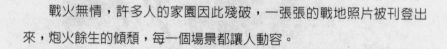

走過的那一段
客家電視台記者 陳文霖

　　戰火無情，許多人的家園因此殘破，一張張的戰地照片被刊登出來，炮火餘生的傾頹，每一個場景都讓人動容。

　　蕭建華的人生，就像是被無情戰火連番轟炸過似的，每一個片段都是血色鮮紅的記憶。在一次又一次的轟炸過後，面對殘破與重建之間，生存迷惘的價值再度困惑他的人生。

　　生存的價值要怎樣才能突顯出來？一定要透過死亡和病痛的考驗嗎？不幸的是，蕭建華正在篤行這項法則。

　　我從沒想過有一天會為蕭建華寫些什麼，更不曾想過他會出書讓我來寫序，我們在大學是死黨，常常掛在嘴邊引以為傲的，不過就是追女朋友的那些所謂的刻骨銘心，沒有想到日後的發展驚心動魄，他竟用生死決絕的歷程逼我提筆。

很難想像一個海軍陸戰隊退伍的人，現在必須拄著枴杖行走；沒想到一個演活別人故事的人，竟然用自己的痛苦來陳訴世間的悲情。大學時代，他參加過三次鳳凰劇展，兩次得到評審大力推崇，拿到最佳演員獎，其實以他的實力應該要摘下三座演員獎，是因為第一次的劇展，他發生車禍被迫退出，他演的角色由我臨時頂替，結果那年的最佳演員就像黃袍加身莫名的落在我身上。大四那一年，我奉命籌演一齣要在鳳凰樹文學獎頒獎晚會演出的舞台劇，我將前一屆文學獎得獎的最佳劇本搬上舞台，男主角的不二人選當然就是他，經過短暫密集的排演，他以絕佳的口調、身段、表情，演活了劇本中的那位退伍老兵。

　　蕭建華擅長的表演藝術除了舞台劇的演出，他還對相聲表演情有獨鍾，他會自己編寫相聲段子，興頭一起就自己說學逗唱起來，他還想拜馮翊綱為師，並夢想與他同台演出，自從他病發之後，這個願望就沒再提起過了。

　　在學校的最後一年，他抓緊最後一個表演機會，自動請纓在文學獎的頒獎典禮上演出一齣相聲，他的歐趴、史當傳奇，在學弟阿淘的一搭一唱下，笑倒台下所有觀眾，由於演出效過極佳，畢業之後他還被系主任情商回去，在教師節的紀念晚會上演出，我與他聯手改寫出「孔子之

夜」的相聲段子，當晚顛覆了孔老夫子的傳統形象，論語裡面的經典對話也被我們歪批新論，留給在場所有孔夫子的徒子徒孫們一片錯愕與歡騰。

蕭建華的表演慾望是有目共睹的，沒有舞台的時候，他會自己搭設舞台，不管人前人後，他都在琢磨著怎樣設計對白，讓言語對話風趣起來，再加上他天生搞笑的表演細胞，任何人與他相處都會是難忘的快樂時光。

一直以為他會躍上舞台從事表演工作，在他發病前，他不斷在尋找戲劇表演的機會，原本也有個劇團表達願意網羅他的意願，結果他身上的怪病讓他的表演人生破滅了，他不但是有志不能伸，還是有手不能提，有腳不能撐，從此走上不斷遭遇自殺炸彈攻擊的悲慘際遇。

蕭建華的神經病變，導致體內的抗體不斷攻擊他的神經鞘，身體像是充滿電流一樣，那種神經受損的痛，就像是全身都在牙疼一般，他不只一次向我表達過輕生的念頭，因為他再也受不了全身拔都拔不完的蛀牙。

帶給蕭建華最大的人生改變應該是認識黃智勝學妹。智勝學妹天真

熱情、慈善樂觀，在不是至親也沒有情愛關係的前提之下，她對蕭建華的照顧與關心甚至能用無私無悔來形容，那種跨越親情與愛情的大愛，讓蕭建華感受到人間的溫暖，蕭建華開始走出發病後的低潮灰暗，努力蓄積對抗病魔的勇氣與意志，同時他還開啟校園生命講座的巡迴列車，在各級學校現身說法，希望能帶給當前的年輕學子珍惜生命的想法，一個罹患不治之症的人，重啟了奮進的人生，直到智勝在一場烈焰中結束生命。

智勝的死，帶給蕭建華的打擊超過他身上的病痛，他不明白的是為什麼這麼一個心地善良的好女孩，會年紀輕輕就被一場無名火給帶走了，他傷心絕望、自責遁逃，他認為老天爺要帶走的應該是他，絕對不是智勝，他甚至一度想用自己的生命換智勝回來，最後他體認到事與願違的無奈，有情人生裡的無情天地，再怎麼哭喊都改變不了事實。

有幸能看到我的好友蕭建華出書，這些年他帶給我的感動是不斷的挫折不斷激發他生存的勇氣，從發病頹倒然後奮起振作，從絕望失落到勇敢面對，我想這些心路歷程都將會在這本書裡完整呈現。

生命鬥士——蕭建華

台中市國立中興大學植物病理學系 助理教授 張碧芳

　　2007年八月三日中午十二點四十分左右，一般人吃飯午休的時間，在辦公室接到周大觀文教基金會創辦人周進華先生的電話，邀我為蕭建華先生的書寫序，而且三天後就要交給印刷廠……。我當時告訴周爸爸：「我並不是名人，怎麼會找我寫序，應該是要找社會名流來寫，才有號召力吧！」但轉念想想，當初確實是因為我的一封電子郵件，才讓周爸爸和蕭先生之間「連線」上，因此也就義不容辭的答應下來。

　　其實，首先要感謝我小姑的先生（高雄市瑞祥高中輔導處資料組組長）翁士人老師，他在2007年三月二十五日中午聽完蕭先生的演講後，就以電子郵件及電話希望我先生（土木系謝孟勳老師），和我能安排蕭先生來興大演講，他也寄來許多有關蕭先生的報導。

　　老實說，當時我們夫妻雖然知道蕭先生是漸凍人、他的演說也非常

感人，但事情一忙，就一直挪不出時間積極的來推動這件美事，直到
2007年四月二十九日我小姑回娘家，士人又再度提及演講一事，並誠懇
的告訴我蕭先生的演講在瑞祥高中造成轟動，對於好動的國、高中學生
而言，除了偶像明星之外這可不是一般演講者辦得到的等等！

　　當天下午，我坐在電腦前，仔細看完之前士人寄來有關蕭先生的幾
篇報導後，便寫了一封電子郵件，分別寄給通訊錄中的上百位朋友及同
事，希望集結大家的力量來舉辦這場演講，畢竟我先生和我平常要上
課、做研究、指導研究生、執行計畫以及做一些學校（甚至學會）的雜
務，尤其那一陣子全校同仁都在忙著系所評鑑的事，實在沒什麼時間安
排演講，何況單憑我們二人之力，可能也沒幾個聽眾，還要讓行動不便
的蕭先生大費周章的跑一趟台中，心裡覺得不太可能，但翁老師說蕭先
生最大的心願是他的演講能跨過濁水溪，到中興大學演講至少能圓了蕭
先生的夢……，空想那麼多不如行動，信件發完了，又想到我和先生兩
個人都在同一所學校任教，都覺得承擔不起這個任務，其他老師或朋友
不就更不可能做到！這時忽然想到本校諮商中心湯必果老師前幾天寄來
的電子郵件——諮商中心的活動資料，希望導師們能鼓勵學生多多參
加……，對了，何不請他們幫忙！於是把郵件寄給諮商中心謝禮丞主任
及湯老師，沒想到隔天一早，謝主任就回信說他們願意積極進行此事，

而且五月四日，短短5天內就敲定蕭建華先生將於五月二十九日來興大演講！

　　這實在是太棒了！但，接下來傷腦筋的是——會有多少人來參加呢？因為攸關場地安排問題，大家都怕人太少不好意思，但諮商中心主辦過多場非常棒的演講，參加人數卻總是不多……。其中，五月一日本校農資學院秘書，也是應用經濟系教授簡立賢老師也回函給我，建議請本院

在生命的幽谷看見人生的幸福

～漸凍人蕭建華先生生命經驗分享

被父母遺棄在孤兒院、養父母相繼去世、成績優異卻未能升學、長達八年的苦力生活、終於完成大學學業，準備和相戀甚深的女友結婚時，卻得到漸凍絕症、電線走火燒毀自購房屋、與心愛學妹天人永隔……，別人不要的，蕭建華全都拿到了！

擁有這般人生境遇的蕭建華與您分享，如何在吃苦中體認人生的幸福？如何在在山窮水盡時，看到柳暗花明處？機會難得，歡迎大家一起來共襄盛舉喔！

時間：96.05.29（二）12：10-13：40
地點：農資院十樓國際會議廳
主辦單位：諮商中心
協辦單位：衛生保健組
洽詢電話04-22840241

黃振文院長協助邀請演講一事，甚至可由本院來籌劃，最後黃院長慷慨允諾免費使用場地並全力配合……。其實，台灣有愛心的熱心人士真的不少，最後在大家多方宣傳（該宣傳海報真的很用心製作，所有重點都提到了，如附圖）、鼓吹及協助之下，2007年五月二十九日中午十二點十分～十三點四十分在國立中興大學農業暨自然資源學院國際會議廳裡，將近有兩百人未吃午餐並犧牲午休時間來聽蕭建華先生的演講——「在生命的幽谷看見人生的幸福」，這真的是始料未及的！

演講當時，看到蕭先生每講幾句話就要停下來喘口氣或喝水，實在覺得不忍，尤其當他演講到一個段落後，播放他自己製作的投影片搭配上他精心挑選的動人樂章——不是說他的故事，而是讓我們看看在世界各地還有許多戰亂、飢餓的地方，那些人過著水深火熱、今天不知明天將在何處的日子，反觀我們卻能坐在這裡吹著冷氣聽演講又是多麼的幸福……。他完全沒有想到自己的行動不便與身體無時無刻的苦痛，還笑容滿面地鼓舞在座全體觀眾要感恩、惜福，這種種更是讓在場觀眾都掉下淚來，此時他居然還笑著要大家不要為他心疼或流淚，因為他是來提醒我們人生充滿著希望而不是要大家為他的故事感到悲傷——蕭先生說：「我講了那麼多笑話，賣力配合演出，你們怎麼都不笑反而在哭呢？」

　　之後，他更拿出自己為了這第一百八十七場演講親手設計製作的小三角立牌紀念品，只要當時提問的前十位觀眾就能拿到一個紀念品……。小三角立牌的一面印著「國立中興大學」及校徽、「2007/05/29」、「生命教育講座187場達成留念」及「蘆葦生命工廠蕭建華　敬製」等文字圖樣和聯絡電子郵址，另一面印著「機會」兩個大字及一小則文字——「人的一生有許多機會，但總有人抱怨遇不到機會。其實，不是機會不來敲門，是自己視而不見，或是藐視小機會，而將大好機會拱手讓人。與其等待機會，不如先做好準備。」雖然我不知道是否每個小立牌的文字都相同？但是我朋友拿到的那個小立牌背面寫的卻是「感恩」……，而且真的設計得很棒、很精美，尤其下面還貼心地黏了兩片磁鐵方便擺放。

　　您知道嗎：一個小立牌要花掉他約十一分鐘才能做好，製作這十個立牌就要近兩個小時，而每一場演講蕭先生都會準備十個專為那個場次演講所製作的立牌，對於一位手指頭已開始萎縮必須用支架撐開，而且不知道自己是否仍有明天的蕭先生來說，這些都是他滿滿的愛，尤其現在他幾乎天天都有演講，扣掉演講及往返時間，他還那麼用心的花這些力氣及時間給大家，讓我不由自主地流下感動、心疼的眼淚。

聽蕭先生說才知道，原來當天一早謝禮丞主任為了慎重起見，帶了一名諮商中心義工親自開車到台南新化接送他來台中興大，下午再送他回台南，想到謝主任公務繁忙，卻仍如此熱心地將自己一整天的時間都投入這場演講，這還不包括該中心人員事前的籌備及聯絡等工作，著實令人敬佩。此外，本系曾國欽主任也全程參加當天的演講，並提到這是一個很有意義的活動，值得將蕭先生的投影片播映給同學們看。而我們「生活的藝術」學員們也特別在大熱天的正中午自校外前來聽演講，實在令我感動萬分！當日更有幾位聽眾及未能前來的朋友，紛紛詢問是否有錄音或錄影能讓他們帶回去和親朋好友們分享。一場演講的後續其實仍有熱烈的迴響，日後當本校諮商中心將演講實況錄影的DV製作轉檔完成後，相信能將蕭先生的這份愛散播給更多人，正如他的投影片「幫我把愛傳出去」。

其實，聽完演講後，我心中的感動一直無法平復，兩天後（2007年五月三十一日），本系學會舉辦送舊晚會，因為我是畢業班的導師，所以決定將由諮商中心網站下載的投影片「幫我把愛傳出去」播放給全體同學看，當作是送給畢業生（及在校生）的禮物，雖然事後親自聽過蕭先生演講的同學告訴我，只看投影片無法激起同學們的共鳴，但由同學們的表情，我知道同學們的心中已經埋下一顆種子，默默地等待適當

的時機，「愛」與「善」將會發芽、茁壯並於日後化為「行動」的！
曾主任也勉勵我：「送舊晚會您給學生播放的影片，非常有意義。謝
謝您！」（後來，我也將翁士人老師提供瑞祥高中那場演講的DVD，請
就讀小學五年級兒子的班導師在學期末的空檔播放給全班同學看，希
望在他們小小心靈種下「愛」的種子）送舊晚會隔天一早醒來，忽然想
到前一陣子收到的電子郵件，我們敬愛的「生活的藝術」台中中心創
辦人——陳靜香老師繼2006年印度聖者古儒吉大師（Guruji-Sri Sri
Ravi Shankar，國際「生活的藝術」基金會創始人）之後，也獲頒「周
大觀文教基金會」之2007年「全球熱愛生命獎章」的資料，一股衝動讓
我把最近和諮商中心謝禮丞主任等人聯絡的電子郵件內容、「幫我把愛
傳出去」檔案下載網址，以及當初翁士人老師寄給我的資料，在2007年
五月三十一日早上八點四十八分寄到「周大觀文教基金會」的電子郵件
信箱，原來只抱著姑且一試的心理，沒想到當天下午就接到周爸爸來電
希望告知詳情及聯絡蕭先生的方式，下午六點多，周爸爸就回電告知該
基金會將於2007年九月二十二日下午二點於中正紀念堂管理處演講廳提
前頒發「2008年第十一屆全球熱愛生命獎章」給蕭建華先生。

這真是天大的好消息！除了感謝周爸爸的熱心及如此快的辦事效
率之外（後來翁老師告知：當天周爸爸還透過他聯絡上蕭先生，並和

成大醫院聯絡討論以蕭先生的體力是否能夠於2008年到台北領獎等事宜……。周爸爸的行動力真不是蓋的！），更是馬上將此消息以電子郵件通知所有協助這次演講的熱心人士，其中，印象最深刻的是我們曾主任的回信：「真的只要多一份關懷，我們的社會其實是充滿了溫馨和美好！」以及任職工研院的「生活的藝術」同學——陳清暐先生熱心安排蕭先生於2007年六月十五日在新竹工研院的演講，並讓蕭先生能親自與周爸爸會面（那是第二百零八場演講，想想：在短短十七天之內，蕭先生竟又安排了二十一場演講，實在心疼他的身體會吃不消，然而他只顧著爭取時間多到幾處演講而和時間賽跑、卻忘了自己的病痛……）。

到此，我想各位一定迫不及待的想知道「生命鬥士」——蕭建華先生的故事，就讓我們一起來逐字逐句用心讀它吧！原本蕭先生的七萬多字手稿在2005年十一月二十日的無情火中燒毀，現在，在周爸爸的鼓勵之下，短短一個月內（2007年八月二日完稿），蕭先生將他的故事寫了滿滿近四十頁。

正如蕭先生所說：「我還有一口氣，我要永遠講下去。」蕭先生正以他有限的時間企圖延續我們無限的生命，也指引著我們「在生命的幽谷找到人生的幸福」，希望大家把感動化為實際行動，一起「把愛傳出去」！

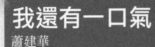

我還有一口氣
蕭建華

　　2003年三月底，一場突如其來的惡病——慢性多發性脫髓鞘神經病變（CIDP）※註一，打亂了我原先的生涯規畫。幾經激烈的對抗，最後在國立成功大學中文系全體師生的協助下，我選擇勇敢的承受。不但承受下來，我還從2004年初開始，帶著自己的生命故事，走進校園和許多孩子們分享。讓他們分享我在悲苦中找到的快樂，也讓他們相信只要堅持，希望將無所不在。

　　曾經有學校的老師建議我將故事寫下來，因為文字能讓這份感動流傳更久。雖然自認才疏學淺，但仍盡力地敲著鍵盤，一個字一個字慢慢的累積。當我在2005年十月底，完成第一百場講座邀約的同時，也寫了七萬餘字了。事隔不到一個月，一場無名惡火，不但燒毀了我所有的東西，還連累一位照顧我的學妹意外往生。我在谷底，不已的自責，不斷的悲鳴，祈求蒼天高抬貴手，放我一馬。

三天後，我擦乾了眼淚，用哭啞的嗓子對天說：「我絕不投降！」旋即再度走進校園，立誓要為我的學妹再演講一百場。在許多學校老師以及愛心媽媽的促成之下，我終於在2007年六月十二日，於高雄市立福山國民中學完成第兩百場的講座。我用驕傲的眼淚，告慰學妹在天之靈，「小勝，我們一起做到了！」

　　承蒙國立中興大學張碧芳教授的推薦，接獲周大觀文教基金會創辦人周進華先生的來電告知，我將提前於今年的九月二十二日獲頒「2008年全球熱愛生命獎章」。這一份殊榮對我而言自是難能可貴，但看到其他更勇敢的生命鬥士，卻自覺受之有愧。如果在艱困的環境下，完成兩百場講座是一種榮耀的話，我想這一個獎章，應該屬於這一路上始終對我不離不棄的師長、同學、學弟妹、朋友還有許多善心人。如果沒有您們，我將什麼都不是！

　　利用暑假的空檔時間，周大觀文教基金會創辦人周爸爸鼓勵我將生命故事寫下來，以期發揮更大的良能。雖然在這一本書中，您看到的是別人的故事。我也無意要大家拿別人的悲苦來安慰自己，但是看到別人的悲苦，我們是不是更應該想想自己的幸福？面對看似無盡的苦難折磨，我選擇坦然面對、勇敢承受，如果我可以，您為什麼不可以？

生命是一首歌，是一首自盤古開天地以來，即傳唱不停的歌。老天爺給了我悲傷的旋律，我卻為它譜上快樂的音符。老天爺關了我一道門，我硬是推開了兩扇窗。雖然祂禁錮我的軀體，但是我誓言要讓歌聲飄出這個象牙塔，無論您是在何時何地聽到了這個天籟之音，讓我誠摯的邀請您，跟著我一起為生命歌詠。（本書完稿於2007年八月二日）

漸凍英雄蕭建華一字一淚敲完這本書稿。

註一：慢性多發性脫髓鞘神經病變（CIDP）

這是屬於腦、脊髓的所在處發生變性的疾病，致病原因不明。特別是包圍神經纖維軸索稱之為髓鞘的部分受到侵襲，所以此病也稱做脫髓鞘疾病或去髓鞘疾病。

神經纖維的外面包裹著一層叫「髓鞘」的物質，髓鞘不僅像電線的塑膠皮一樣讓不同的電線不致短路，同時人體的髓鞘還可以加速我們神經訊號的傳導。當這些髓鞘被破壞後，周邊神經及神經根處出現了發炎現象，我們神經訊號的傳導就會變慢甚至停止。脫髓鞘多發性神經病變此病的症狀端視其所影響的神經組織而定，可能出現視力受損（視神經病變）、肢體無力、平衡失調、行動不便、麻木、感覺異常、口齒不清、暈眩、大小便機能失調等症狀，這些症狀因人而異，嚴重程度也不盡相同。發生率約十萬分之六，是罕見疾病的一種。

須注意的是發病前幾週中，曾經有上呼吸道感染或類似感冒身體不適的症狀，症狀先由手腳的末端向身體的中心部位進行，身體的左右相同部位發生麻、痛、無冷熱感刺痛反應的感覺障礙，肌力明顯降低，全身手腳無力。覺得很易疲倦，行動越來越困難，發展到連起身下床都有問題。肌肉無力的範圍除了侵犯四肢之外，有時候也會影響到臉部、眼睛（複視）、呼吸及吞嚥的肌肉，急性患者是在幾天內就會讓人癱掉的病，嚴重時可能出現自律神經功能失調或是呼吸衰竭的現象。

　　而脊髓神經炎（橫截性脊髓神經炎）的進展過程中也有類似感冒的症狀出現，可能被感冒病毒、巨噬細胞或其他病毒感染，病毒侵害脊髓神經引起發炎，也可能是自身的免疫系統錯誤攻擊自體神經所造成的神經發炎，眾說紛紜至今仍不明確病因，歸究於免疫系統失調。

　　其臨床所顯現的病徵，部分與運動神經元病變（漸凍人）相近，唯其多發性之特性，難以預判遭受侵襲之神經惡化速度。目前臨床採用的療法有類固醇療法（健保給付）、血漿置換術以及免疫球蛋白療法（健保不給付）。可惜無法積極根治，只能消極延緩惡化。

小天使與
野孩子

以為這裡就是全世界

　　一睜開眼，我就看到好多好多的兄弟姐妹。有些哭鬧不歇，有些仍在沉睡。而我只是瞪大著眼睛，不斷的四處張望，想看清楚這個令人好奇的地方。

　　是不是每一個孩子都應該有家、有爸媽？這可問倒我了，因為我根本不知道什麼叫做家？什麼是爸媽？但是如果你問我世界有多大？我可以斬釘截鐵的回答你：「孤兒院就是全世界。」

　　每個星期日，都有牧師來這裡帶領大家做禮拜。在悠揚的聖歌聲中，唱出了對天父的信賴，在虔誠的祈禱文裡，訴說著對天父的期待。牧師說：「沒有爸媽，沒關係，還有上帝愛你。因為在這裡，你們都是祂最愛的小天使。」這番話，讓我開心了好一陣子，儘管那時候還不知道「天使」是什麼，但直覺認為那一定是很寶貴的東西。只是，面對這裡數以百計的兄弟姐妹們，有時候心裡不免會疑惑著：天使不是都四肢健全的嗎？你的手腳怎麼不見了？天使不是都有翅膀的嗎？我的翅膀怎麼不見了？天使不是都五官清秀的嗎？他的耳鼻怎麼不見了？

這個我自以為的全世界，依循著我所熟悉的規律運行著。習慣了自己洗澡、晾衣服；習慣了自己打飯、洗餐具；習慣了自己疊被、收蚊帳；習慣了跌倒不叫、受傷不哭；習慣了這裡所有的人、事、物；習慣了模糊的幸福與悲苦。隨著光陰的流逝，我從這個世界的中心點，慢慢的被擠到邊緣，也越來越靠近另一個陌生的世界。我就要唸小學了，沒有半點喜悅，只有莫名的惶恐。在被硬拉進校門之前，我只想知道：「那裡也有天使嗎？」

不可以讓上帝丟臉

穿著滿是補丁的舊衣服，踩著已經開口笑的舊皮鞋，背著縫補過的舊書包，在班上，我就是如此的突兀。看著同學們的新衣、新鞋、新書包，這是我第一次感受到幸與不幸的落差。那種感覺不是哀痛，也不是悲傷，就是一股腦兒的酸吧！為什麼他們有，我沒有？第一天放學，我是一路含著眼淚回到孤兒院。牧師問我是不是在學校被欺負了？我搖搖頭！

「那你為什麼哭呢？」

「我沒有哭，是眼淚自己掉下來的。」

曾經在睡前的禱告中問過上帝：「為什麼外面的天使都有新衣、新鞋、新書包？」祂沒回答我。我只好自己慢慢的摸索、找答案，想知道自己到底欠缺了什麼？後來，我才發現，原來外面的天使都有一個溫暖的家，還有一對愛他們的爸媽。這又讓我回到心酸的原點了……「上帝啊，如果祢也愛我，為什麼他們有，我沒有？」

在學校，我無可避免的被調皮的同學戲謔，他們說我是沒有家、沒有爸媽疼愛的「野孩子」。這句話，刺中了我最脆弱的那一環自信。在學校，我親眼看到院童為了舔一口冰棒，趴在地上讓人當馬騎，這一幕，挑起了我最堅持的那一點尊嚴。或許我不是上帝心中的小天使，或許我就是大家嘴裡的野孩子，但是，無論如何，我都不能讓上帝丟臉，不能讓孤兒院蒙羞。後來我發現，唯一能跟他們公平競爭的就是學業成績。於是我迷戀上這個讓我能和他們一較高低的競技場，盡全心參與每一場語文競賽，也盡全力準備每一次考試。比賽結果和考試成績，總算沒有辜負我所付出的努力。每當我站在司令台前領獎時，那充滿無比自

信的眼神，橫掃過在場的每一個人，也一直不斷的在心裡o.s.：「看清楚，請看清楚台上這個衣衫襤褸的我，請看清楚我手上緊握著的獎狀，我不是別人，我就是你們認為的那個野孩子！」

　　帶著獎狀回到院裡，我總會受到英雄式的歡迎。雖然院內不乏少數資優的孩子，但是能像我這樣屢屢獲獎的，還真是寥寥無幾。我將所有的獎狀都疊放在置物櫃裡，小心的呵護著。每一張都像是小天使掉落的羽毛，也是一個野孩子爭回來的榮耀。希望上帝能看到我的表現，希望祂知道：我沒讓祂丟臉！

第一次的生日蛋糕

　　國小三年級下學期開學後不久，有一位同學帶著生日蛋糕在班上慶生，吹熄蠟燭、許願之後，全班同學便一起分享這個大蛋糕。香甜滑溜的奶油，鬆軟綿密的蛋糕，我從沒看過這麼漂亮的食物，更別說它的滋味了。咬下第一口，我捨不得吞下去。我敢發誓：「這是我吃過最好吃的東西！」小心翼翼的用衛生紙包著剩下的蛋糕放在抽屜裡，心想放學

後，第一件事就是要趕快拿給美華姐姐吃。姐姐對我最好，她會保護我，她會鼓勵我，每每有好吃的零食也都會留給我。所以，我一定要跟她一起分享這人間美味。怎知在回院的路上，被同學嬉鬧推擠，我一聲慘叫，捧在手上的蛋糕瞬間滑落，摔成一堆爛泥。同學見狀，一哄而散，留下我一個人盯著地上摔爛的蛋糕，難過得不知如何是好？

育幼院照片

「姐姐，對不起，本來有一塊蛋糕要留給妳，但是因為……」

「沒關係啊！不吃又不會少一塊肉。」聽我娓娓道來事情的經過，姐姐語氣和緩的安慰我：「現在吃的是別人的蛋糕，分享的是別人的快樂。只要我們肯努力，以後一定有機會吃到屬於自己的生日蛋糕，跟別人分享我們的快樂。」

眞的嗎？眞的會有屬於自己的蛋糕嗎？「好希望這一天快點到來！」言談之間，我有意無意的透露出我的渴望。姐姐臉上帶著一抹淺淺的微笑，輕輕拍了我的肩膀，欲言又止。

　　過了幾天，放學後，我依工作分配到晒衣場收衣服。姐姐神秘兮兮的走過來，我還沒開口問，她從身後拿出一個巴掌大的海綿蛋糕，說：「弟，祝你生日快樂！」

　　接過這個小蛋糕，兩行熱淚倏倏地奪眶而出，滿肚的激動，卻什麼話也說不出口。冬天的夕陽映紅了我的臉頰，我和姐姐並肩坐在矮牆邊，一起分享這第一個屬於我自己的生日蛋糕。意猶未盡的咀嚼著香甜滋味，挑動舌間幸福的味蕾，看著夜幕低垂，迎著寒風徐吹，還有什麼感動能如此珍貴？

虔誠祈禱換來一個家

　　牧師常常告訴我們，只要有話想對上帝說，禱告是最好的方式。所

以不管是心情好或是心情不好，每天晚上就寢之前，我都會將一整天所有的喜、怒、哀、樂告訴上帝。過去我的禱告多半是感謝祂，感謝祂賜我米糧、保我平安、給我力量……。但是自從上了小學，看到了自己的欠缺之後，我開始會在禱告中加入更多的祈求。祈求一個家、一對愛我的爸媽，祈求新衣、新鞋、新書包，祈求學業成績能越來越好。幾年下來，除了考試成績優異之外，其他的祈求似乎都沒什麼進展。

偶爾院方人員接待一些穿戴珠光寶氣的紳士、貴婦，我原以為那只是例行的捐款、參觀。後來才知道，原來他們是為了領養孩子，事先前來篩選的，這倒有幾分像職業運動的選秀。但一樣是選秀，國內領養人對孩子的要求，就硬是比外國領養父母來的嚴苛。第一是年齡的限制，年齡太長的不好調教，所以多半要求七歲以下。第二是性別的需求，有些非男生不可，有些非女孩不行。第三是健康條件，必須四肢健全、無惡隱疾。而這些限制與要求，外國領養父母卻全然不在乎。他們只希望孩子的神智是正常的，其餘如肢體的殘缺、年齡、性別等問題，根本不在他們的考量範圍。相較之下，我覺得外國人的愛比較偉大。跟我同寢、年紀相仿的小威，雖然因為先天的小兒麻痺造成肢障，但是在上小學之前，就讓一對善心美國夫婦領養。從他寄回來的生活照當中，看得出他受到無微不至的呵護，那種充滿自信的笑容，是他從來不曾有過

的。儘管我們都很羨慕，也很
希望自己能夠和他一樣，因為
被領養而改變了一生。但畢竟
選擇的權利不在我們，也只能
等著有那麼一天，會有那麼一
對夫婦不小心看走眼而選到
我。

育幼院照片

於是我開始更賣力的禱告
了，甚至連餐前的禱告，我都
會在「阿門」之前，順便提
醒一下上帝，希望祂能聆聽到我虔誠的祈求。只想能和別人一樣，有個
溫暖的家，有一對愛我的爸媽。如果可以的話，能讓外國人領養當然最
好；如果不行，國內的也無妨。

精誠所至，金石為開。就在我即將升上國小五年級時，終於有一對
善心的「外國」夫妻，在候選的十餘名院童當中，選中了黝黑、瘦小的
我。養父長的很高，有著外國人才有的堅挺的鼻子；養母的皮膚很黑，
有著非洲人才有的一頭捲髮。最重要的是，他們講的「外國話」我都聽

不懂，所以我很直覺的認為他們就是外國人。在養父母為我辦完離院手續之後，我卻開始對這個地方依戀不捨了。簡陋的寢房、斑剝的矮牆、莊嚴的教堂……，熟悉的景物，即將從我離開的那一刻起，慢慢的變得模糊。原本應該滿心歡喜的接受大家的歡送，但此時卻只能淚眼相對。頻頻回首，想多留住一些圍牆內的記憶。夢想實現之後的下一步，我將跨進另一個陌生的世界，開始我憧憬的新生活。

夢想與現實的差距

從台北回到南投的一路上，我看到了好多好多我從沒看過的新鮮事。第一次看到高樓大廈，第一次看到車水馬龍，第一次有爸媽牽著我的手。只是我感到納悶：為什麼養父母不是帶我去搭飛機，而是不斷的轉車？很想開口問為什麼，但是因為我不會說英文，只好任由他們帶我下公車、上火車。從離開育幼院時的日正當中，到抵達目的地時已經接近日落黃昏了。南投？是什麼地方啊？下車後，我的眼睛不斷搜索這一個陌生的環境。穿過筆直的大馬路，走進蜿蜒的小巷子。右邊這一塊地

種的是絲瓜，左邊那一畝田長的是水稻。棚架上的雞不飛，屋簷下的狗不叫。眼前這一片田園風光，好寧靜、好美麗。再拐個小彎走到底，九戶平房連成一排，我的家就在正中央。

才剛進家門，左鄰右舍的叔叔、伯伯就湊過來致喜道賀。大人們忙著交際與寒暄，我則左顧右盼仔細打量這個家。電視、冰箱、電扇，感覺還不錯，該有的都有！當我轉頭看到掛滿牆壁的勳章證書時，這才恍然大悟。原來我一直誤以為是外國人的養父，其實是個外省籍的退伍老兵，養母則是布農族的原住民。一想到這件事，我就忍不住想笑，笑自己給自己鬧了個大烏龍。但是接下來的事，可就不好笑了。

有家了，有爸媽了，夢想成真了，我本來應該感到高興才對。只是沒想到，理想和現實還是有著差距。從孤兒院回到養父母的家，換了一個新的環境，我也遇到了很多想都沒想過的問題。除了教養方式、生活規則、飲食習慣的差異之外，最讓我頭痛的就是語言溝通的障礙。養父濃厚的鄉音，再加上養母不標準的國語，我得一次適應兩種新的的語言。「開瓦斯」還是「看華視」？「吃水餃」還是「去睡覺」？「倉庫裡」還是「長褲裡」？這些語音相近，但語義卻迥異的話，常常教我無所適從。但為了儘早融入這一個新的成長環境，我很努力的揣摩抑揚頓

挫，仔細的分辨平、上、去、入，甚至配合肢體動作，加快我學習的進度。一年而已，只花了一年的時間，我讓自己變成了半個山東人和半個原住民，和養父母的溝通已經完全沒問題了。

　　幾近軍事化的管教，刻板的生活規律，雖然和我所嚮往的有些落差。但是這個家給了我前所未有的安全感，養父母對我也視如己出的疼愛，一想到其他還在孤兒院的同伴，我知道，我應該為當下的幸福感到滿足。

狗臉的
歲月

空降傳奇小秀才

　　對住在這個小村莊的孩子來說，養雞餵豬、鋤草施肥這類的農事，是絕對難不倒他們的。因為無論是放學回家，還是星期假日，這就是他們最主要的休閒活動。相形之下，讀書好像就沒那麼重要了。我就不同，深知讀書是我將來唯一的出路，也喜歡上台領獎的那種榮耀。所以，即使我已經離開孤兒院，仍然盡全力讓自己的狀況維持在巔峰。

　　或許是因為養父母常常跟別人炫耀的關係，不管我到雜貨店買醬油，或是去修腳踏車、理頭髮，幾乎沒有老闆不認識我的。就連到廟口吃碗陽春麵，都能免費獲贈一顆滷蛋。他們都說我是很會唸書的小秀才，將來一定是一個很會賺錢的大老闆。對他們而言，我就像是突然在村裡蹦出來的一個明日之星。但面對他們的讚賞，拙於應對的我，通常只會低頭傻笑。

　　養父為了讓我日益增多的獎狀能有適當的地方張貼，不惜清空原本掛滿勳章證書的那一面牆，讓所有來訪的親朋好友，一進門就能看到他們所引以為傲的成就。為了不辜負小秀才這個美名，我在學校很努力的扮演著小老師的角色。下課時間，不是忙著衝到福利社買零食，而是留

在位置上，等著同學圍過來一起討論功課。放學回到家，則是和左鄰右舍的孩子們，坐在大榕樹下，一起寫作業。

漸漸的，這棵大榕樹成了我們這群孩子的課後輔導中心。偶爾也會有已經唸國中的大哥哥、大姐姐的加入伴讀，除了指導我們之外，更讓我有機會比別人早一步學會ABC。

尤其令我開心的是，放學後，阿義不用再去掃雞糞、挑廚餘了；阿桃也不用窩在菇寮幫忙塞太空包了。大人們開始注意到攸關孩子前途的教育問題，願意讓他們有更多的學習時間，將來才會有更大的發展空間。儘管這時候的物質生活條件仍是匱乏，但是，大人們辛苦的工作，小孩子努力的唸書，為的只是想實現一個很單純的願望，那就是希望每一個人的未來都能更好。

頂著小秀才的光環，總算沒讓養父母失望。在國小畢業典禮上，我很風光的從校長手中接過縣長獎。這張鍍金的獎狀，養父特地為它裝了框，掛在那一面牆的正中央。還煞有其事的辦了三桌酒席，邀請左鄰右舍同來慶賀。而在大人們酒酣耳熱之際，我已經躺平在床上。望著天花板，一邊揉著已經笑僵的臉頰，一邊在心裡想著：以後我真的會賺很多錢嗎？

一勤天下無難事

　　升上國中，開始另一個階段的學習。除了上學的地方變遠了、書包變大了，所有的生活步調，一如往常的規律。養父雖然領有終身月退俸，但因爲覺得不太夠用，所以他找了一份不用太費力氣的工作，在一家小工廠當守衛。養母則因身體頻頻出狀況，一般的公司不願雇用，只能勉強打打零工。不但收入不穩定，賺來的錢通常還不夠她去看病的支出。也多虧了美華姐姐適時的挹注，才讓這個家的經濟狀況，不至於拮据窘迫。不捨年邁的養父辛苦的工作，擔心養母體弱多病，我倒是挺爭氣的。學雜費不用他們操心，因爲優異的學業成績，讓我每每都能順利申請到獎學金。文具用品也不成問題，因爲參加許多語文競賽，得來許多獎品。但偶爾想添購參考書籍或參加補習時，看到養父母面有難色，我就有一股迫不及待想去賺錢的衝動。這股衝動在養父被工廠辭退之後，終於付諸行動了。

　　在學校裡，我是師長眼中品學兼優的模範生。是我比別人聰明嗎？不！我很清楚自己並不是天才型的學生。所以我不是會讀書，而是比別人更勤讀書而已。既然「勤」字用在求學行得通，我想用來賺錢應該也可以吧？於是每天放學後，我便騎著腳踏車，四處找尋施工中的建築工

地。等工人們下班離去之後，我就進入工地撿拾廢棄的鋼筋、鐵條和水泥紙袋。可別小看這些東西喔，只要不畏苦、肯勤跑，一個月下來，總能換得兩三百塊錢呢！雖然這些錢談不上貼補家用，但至少從此之後，我不用再跟養父母伸手要錢了。不只撿拾破銅爛鐵能賺錢，同學還邀我利用星期假日，一起到省政府員工專屬高爾夫球場當桿弟。運氣好的話，遇到大方的客人，不但招

國中照片

待午餐、飲料，有時還不吝多給一點小費，一天就能賺進百餘元。我把辛苦賺來的錢都放在鐵製的餅乾盒裡，藏在床舖底下，當作我私人的小金庫。等存到一定的金額，我便五百、一千的交給養母保管。在鄰居眼中，我不但是個好學生，也是個比同齡玩伴更成熟、更懂事的好孩子。

讀書考試對我而言，不困難；打工賺錢對我來說，很簡單。只是，

有得必有失。當我專注於追逐金錢時，學業成績也悄悄的退步了。從第一掉到第二、第三、第五，導師警覺到我的退步，一直叮嚀我不可以荒廢怠惰。在我不肯放棄賺錢機會的情況下，只好調整自己的生活作息，每天早半個鐘頭起床，晚一個小時睡覺。因為我一直都深信勤能補拙，一勤天下無難事。而事實也證明了辛苦一點是值得的，我終於再次奪回了第一名的寶座。也因此在國二進行能力分班時，我被編進升學班，開始與資優的同學們展開更激烈的競爭。

天倫夢碎

在即將升上國三的那一年暑假，為了維持競爭優勢，我參加了學校開辦的暑期輔導課程。別人開心的放暑假，我卻一刻不得閒，心裡確實有點不是滋味。但是眼看著再過一年就要聯考了，有很多同學都已經開始在準備了，我不能讓自己鬆懈下來，所以，硬著頭皮還是得上。

上完半天的輔導課，我回到家準備吃午飯。一進門，看見養父睡在藤製的搖椅上，電視沒關、電扇在轉，地上還有一些嘔吐物。因為養父

偶爾會在用餐時淺酌，我以為他是喝醉了在休息，所以沒去打擾他。逕自走到廚房，盛碗白飯，拌點醬油、麻油，簡單的打發了這一餐之後，就回房去休息了。下午兩點多，聽見養母在客廳聲嘶力竭的大聲哭喊，幾個叔叔、伯伯趕忙過來探視。養父依舊坐在搖椅上，任憑大家怎麼叫，他都沒醒過來。

　　由於巷弄狹窄，救護車進不來，張伯伯一肩背起養父，死命的往路口衝。將養父送到南投的陸軍醫院，經過半小時的搶救，得知是腦血管破裂引起的中風。由於情況依舊危急，醫官建議轉送埔里榮民醫院。於是我們再度央請救護車，火速趕往埔里。淒厲的警笛聲，持續迴盪在蜿蜒的山路上。任憑車子再怎麼賣力的跑，這一條通往醫院的路，卻彷彿沒有盡頭似的。那當下，我還沒意識到事情的嚴重性，只是很安分的隨侍在側，希望養父能快點甦醒過來。

　　這一夜，我和養母都沒合上眼，緊緊盯著養父，巴望著他能開口喊聲痛。昔日那個身經百戰的士官長，如今卻束手無策地癱在病床上；昨天那個丹田十足的大嗓門，此刻卻氣若游絲的一言不發。這時候我突然難過起來，跟他一起生活四年了，我好像從來不曾說過：「爸，我愛您。」這句話，他還有機會聽到嗎？依照養父的個性、脾氣，他不會這

麼輕易的俯首稱臣的。所以我相信，此時此刻的他，正在努力的呼吸，奮力的對抗。第一次這麼接近生死離別，便深深的感受到那種極度無力的脆弱。

「只要您快點醒過來，等您張開眼睛，我一定會大聲的說：爸，我愛您。以後我還要賺好多好多的錢來孝順您，所以請您無論如何，一定要快點好起來。」我湊近他的耳邊說了這些話，希望能振奮他的求生意志。幾分鐘後，我看到他的眼角滲出了淚水。我確定他聽到我說的話了，也相信他不會這樣無情的丟下我們母子。

十二天後，他最終還是因為呼吸衰竭，逃不過死神的召喚。告別式中，幾乎所有的人都哭了，軍中同袍、老友、叔伯阿姨、養母，大家都不捨一個好人的驟逝。唯獨跪在靈前致答禮的我，從養父病倒、過世到出殯，竟然沒掉過半滴眼淚？這是異於常人的冷靜堅強？還是沒有血淚的鐵石心腸？我想，只有天知道我有多難過，只有天知道我有多想哭！父子情緣，只維繫了短短四年。一個美滿的家，一個天倫夢，就在養父遺體火化的那一刻碎了！

挑起不容逃避的責任

養父過世後，整個家突然變得冷清許多。平常沒事就來串門子、話當年的昔日戰友，如今盛況不再。養母突遭喪偶之痛，久久不能平復，終日以淚洗面。原本就不是很好的身體，也因此每況愈下，三天兩頭就得往醫院跑。家中的支柱倒了，養母身體又不好，家裡的經濟狀況越來越糟。思緒紛亂的我，早已無心於課業，成績一落千丈。經過導師介入加強輔導之後，功課雖然略有起色，但往日那一股不服輸的鬥志，卻已不復見。

國三上學期結束後，學校特別為升學班開了寒假的衝刺輔導課。我因為沒錢繳交輔導費，下學期就被編到普通班去了。也管不了那麼多

大安森林公園募款

了，眼前我只希望養母的健康狀況能好一點，米缸裡的米能多一點，桌上的菜能豐富一點，其他的就隨它去吧！眼看著這個家就快要撐不下去了，我感到心灰意冷，獎狀能變成白花花的鈔票嗎？獎品能換一袋米嗎？會讀書又如何？再多的驕傲也敵不過現實的摧殘。學期末，正當我為聯考的報名費在傷腦筋的時候，養母拿出一把皺成一團的紙鈔，要我算一算看夠不夠。

「媽媽對不起你，明知道你愛讀書，卻不能好好的栽培你……」

心頭一陣酸、一陣痛，不想讓她太難過，我轉身擦拭掛在臉上的兩行淚。

「湊了這點錢，不知道夠不夠你報名？如果你能考到好的學校……」

我開始覺得讀書是一種罪惡。

「只是……，如果你真的考上了，只怕我不能供你繼續讀書……」

若能考上第一志願，別人是高興都來不及，而我卻是來不及高興。

為什麼會這樣呢？

呆望著天花板，面對
兩難的抉擇，我好矛盾、
好徬徨。這個家現在最需
要的是金錢的挹注，而不
是我那不可預期的前途。
如果我自私的執意繼續升
學，勢必會拖垮這個家，
讓母子兩人都受苦。考慮
了幾天，將原先要拿去報
名的錢，還給了養母。我
決定暫時放下自己的理

想、放棄升學。畢業前，導師要我再考慮一下，但是我婉拒了他的好
意。因為我知道在這種情況下，選擇挑起養家的重擔，這是為人子的我
應盡的本分，更是一份不容逃避的責任。

生命鬥士蕭建華 要講到沒有呼吸為止

中時電子報／葉志雲／台中報導 2007-01-30 04:35

「兩百場目標快走到了，只要能講沒停止，我一定會能繼續下去，完成另一個兩百場！」病情如漸凍人、四肢逐漸萎縮的生命鬥士蕭建華，三年多來忍著病痛，與時間賽跑，為許多困在生命幽谷的年輕學子點亮一盞明燈。

四十二歲的蕭建華，出身雲林縣林內鄉一個有十一個孩子的貧農家庭，食指浩繁，排行老么的他被送到孤兒院；小學五年級才由南投一位老榮民收養；他說，在學校最痛的常常被人笑「沒人要的野孩子」。

拿自己當教材 滿講將達兩百場

養父母早逝，只好半工半讀，九十一年好不容易自成功大學中文系夜間部畢業，蕭建華卻跟著來。次年竟發現罹患慢性多發性脫髓鞘神經病變，也就是自體免疫系統會破壞神經，造成身體功能逐漸萎縮。

台灣每年罹患這種疾病者不到十人，蕭建華一度想放棄自己。但從小在孤兒院成長展現出不服輸的韌性，蕭建華不願向命運低頭，決心以自己生命故事當教材，砥礪在人生旅途遭遇挫折的年輕學子們。

從九十三年一月他開始巡迴全國各級學校演講，昨天在中興大學完成第一百八十七場的生命教育講座；他欲罷地說，下月中旬就可以達到兩百場目標了。

學妹意外身亡 他於悲心之痛

蕭建華講完第一百場時，碰到讓他悲心之痛的火災。熱心照顧他的學妹竟喪他的住處。他說，後面這一百場是為死去的學妹而講。

提到這起發生在九十四年十一月廿日的傷心往事，他的淚水就在眼眶裡打轉，他說，黃姓學妹

哪哪贈禮 溫暖類漸凍人

〔記者王英明／台南報導〕獅、牛賽前台南球場進行一項溫馨的祝福活動，「哪哪」通緝偏贈送小物給罹患「多發性神經病變」的蕭建華，祝福蕭建華能胸早日康復。

蕭建華及女友小鈴長期支持統一獅，而且是通感偏的支持者。3年前，蕭建華罹患「多發性神經病變」，導致四肢無力、姜縮厲殘，女友小鈴長期陪伴在身邊照護，蕭降特別邀請蕭建華及不離不棄的女友小鈴蒞臨台南球場觀賞比賽。

罹患「多發性神經病變」的蕭建華，才華洋溢但命運多舛，他想在運動得了的時候，以自己走過的路，給人們一點對生命價值的啟發。他表示，生命無常，不知生的終點和明天哪一個會先到？但面對枯萎，能做的就是勇敢，應該珍惜生命、更該去惜福，如果有一個人因為改變負面的觀念，那就是自己生命殘存價值的發光。

蕭建華從小在孤兒院長大，國小五年級被南投一位老兵與原住民的老母領養，在兩老的拉拔下，才感受到父母及家庭的溫暖。國二時，他因養父病逝，生活困頓，少年失學，為了生活，他送報紙、當學徒，17歲做黑手、扛下家計，直到當兵退伍，多年支撐家計，在養母過世後結束，他開始走自己的人生，一路完成大學學業。

原本他在大學畢業後準備結婚，不料厄運降臨，從左手指不聽使喚開始，無力感蔓延到其他部位，動過頸椎減壓手術，病情卻沒有好轉，而且狀況更差，最後進成大醫院，經診斷為「慢性脫髓鞘多發性神經病變」。蕭建華形容這種病類似「漸凍人」，就像電線皮被逐漸剝蝕，殺手就是自己的免疫系統，青壯年時期發病惡化愈快，聽說並

在昂首與
低頭之間的
起落

老鐵馬與新台幣

　　賺錢，我要賺錢，我要賺很多錢。既然放棄升學了，我就要用心努力賺錢，讓養母能吃好一點，身體能越來越健康。只是一個國中畢業的小毛頭想找工作，還真不容易耶。輕鬆的工作我嫌錢太少，錢多的工作又輪不到我。在沒有太多選擇的情況下，我找到的第一份工作就是送報。清晨三點多就起床，簡單梳洗一番，便騎著那輛已經六年高齡的老鐵馬，飛奔到派報的地點。也顧不得汗流浹背，載了八、九十份的報紙，就忙著四處投遞分送。七點多回到家，隨便吃了早餐，九點之前，我還得趕到另一家工廠上班。一天兼了兩份工作，希望能多賺些錢，改善家裡的環境。雖然辛苦了點，但是我認為這一切是值得的，所以也就甘之如飴了。

　　嘴裡說放棄升學了，心裡仍然還有些對讀書的眷戀，所以愛唸書的習慣從沒有改變。儘管一天有十幾個鐘頭奉獻給了工作，每天回到家，骨頭就像快散了似的。但是睡覺前，我一定會抱著從舊書攤買回來的高中課本，一點一滴慢慢的裝進我的腦袋裡。我知道，付出勞力所換回來的不是真正的財富，真正的財富是我所學到的知識。

　　兩份工作再加上省吃儉用，幾年下來倒也攢了一筆小錢。只是這兩份工作，終究不是長久之計。現在的我年輕力壯，體力還不是問題，但是，以後呢？這種需要付出大量勞力的工作，我能負荷多久呢？老一輩的常說：「若是不能讀書，起碼也要學一門功夫。」既然眼前的環境，已經不容許我對升學再有任何奢想，我總得為將來做點打算。從此刻起，我該做個夢想家了。用一台老鐵馬，賺得一些新台幣。存下的這筆錢，為我爭取到一個喘息的空間與時間。細細思考、蓄勢待發，我要開闢出一條寬坦的康莊大道，看到那一片屬於我的天。

離鄉背井只為了榮歸故里

　　三百六十行中，我究竟該選哪一行？有人說學木雕好，刻龍雕鳳的很賺錢；有人說學鑄金好，以後可以自己創業；有人說學廚藝好，將來開餐館、當老闆……，各有各的看法，說得也都頭頭是道，但我卻是越聽越茫然。最後，我把六個不同的選擇用竹筷做成了籤，閉上眼睛，將手伸進籤箱裡，邊攪拌、邊祈禱，請老天爺指引一條明路吧！然後隨手

抓起一根竹筷,定睛一瞧:「汽車修護」。

好吧!當黑手也沒什麼不好,學得一技在身,就不怕餓著。只是,我該留在南投,還是遠赴他鄉?這裡修車廠的規模都不大,只怕學到的技能有限。在徵得養母首肯之後,我背起了簡單的行囊,隻身前往台中市求發展。在友人引薦之下,很快的就找到大車廠的工作,開始我慘淡的學徒生活。

萬事起頭難,我也不例外。第一天上班就捅了些漏子、鬧了不少笑話。拆下引擎機油箱螺絲,忘了準備裝廢油的桶子,地上灑了一大灘油漬。少鎖一個螺絲、火星塞沒拴緊、沒拉手煞車……,一個新手應該遇到的麻煩,我全包了。還好,廠長是一個很好心的人,他知道我的處境,也相信我願意學習的決心,所以並未給我太多的苛責。為了回報廠長的知遇之恩,我更賣力的工作、學習,期許自己能在最短的時間,學到最多的技能。

當學徒一個月一千五百塊錢的薪水,大約是當時一般薪資的五分之一。為了能多點收入,我自願攬下夜間值班的工作,負責下班後所有客戶車輛的救援急修與事故拖吊。每天一百元的值班津貼,晚上十一點後

出勤還有五十元的點心費，對於薪水驟減的我來說，還真是一筆不小的收入呢！因為我的時間幾乎都綁在修車廠，下班後沒有任何休閒，也沒有花錢的機會，所以很快的又累積了一筆小錢。每隔兩個月我都會回南投一趟，將存下來的錢奉交到養母手上。

儘管廠長一再叮嚀大家工作時要專注，小心不要受傷，但難免有疏忽的時候。被高溫的排氣管燙傷、被鋒利的鈑金割傷、被笨重的榔頭打傷……，只要一個閃神，少不了就是幾天的皮肉痛。常常拖著一身的疲憊，回到宿舍，癱在床上。望著天花板，看著電扇轉呀轉。我已經累到不能翻身了，但那顆寂寞的心卻依然洶湧澎湃。我不敢忘記離鄉背井是所為何求，更牢牢記住當初對自己的承諾。吃點苦沒關係，只要我願意用心學習，總有一天，一定能衣錦還鄉、榮歸故里。

傳說中的暑期戰鬥營

在修車廠一待就是三年，轉眼間我已經二十歲了。接到役男體檢通知時，我還有點掙扎著想逃避兵役。不是怕吃苦，而是覺得當兵很浪費

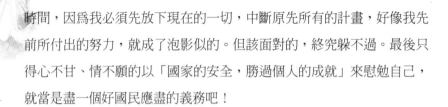

時間，因為我必須先放下現在的一切，中斷原先所有的計畫，好像我先前所付出的努力，就成了泡影似的。但該面對的，終究躲不過。最後只得心不甘、情不願的以「國家的安全，勝過個人的成就」來慰勉自己，就當是盡一個好國民應盡的義務吧！

甲等體位的我，抽到陸軍第一特種兵，新訓中心是位於高雄縣仁武鄉的陸軍第一零一師。那陣子常聽到前輩口中流傳的一句話：「血濺車籠埔、淚灑關東橋、歡樂滿仁武。」傳聞說台中車籠埔和新竹關東橋這兩個新訓中心，素來即以其近乎沒有人性的嚴格訓練馳名。在這裡受訓的新兵，沒有不流血、沒有不掉淚的。帶著幾分僥倖的心理，頂著七月的驕陽，來到這讓人稱羨的天下第一師。

歡樂滿仁武？我有一種被騙的感覺。那天下午報到後，領完軍服、鞋子，緊接著就是理髮。與其說是理髮，我倒覺得像是在除草。電剪在頭上前後左右來回推個七、八趟，大約三十秒就能完成一個。摸摸頭，再看著地上黑漆漆的一堆落髮，有些人在這一刻潸然淚下。那究竟是心痛還是感動，我無從探究。整隊、編班、分發蚊帳、軍毯、棉被、盥洗用具……，整個下午都在忙這些事。一直到晚餐時刻，才稍稍得閒。享用過在部隊的第一餐之後，我好懷念修車廠對面那家的滷肉飯。曾經聽

說過部隊的米所煮出來的飯，硬的跟子彈一樣，口感很差。原以為那是玩笑話，現在才知道所言不假。

累了一天，期待能在睡前好好的沖個澡。沒想到，值星官宣布：「目前營區停水，現有庫存用水均奉令轉為戰備儲水，不得擅用。」這下子可好，不僅我們這一連一百多個弟兄遭殃，整個營區近千人都無水可用。帶著一身的黏膩與汗臭，躺在會扎人的軍用毛毯上，營舍裡只有那麼幾支轉得心不甘、情不願的電扇。仲夏的這個夜，沒了奔放的情調，倒多了鹹魚的味道。

為了貫徹節約用水的政策，在受訓的兩個月期間，實施逢雙日可以洗澡，遇單日不可洗澡的應變措施。讓人嘔氣的是偏偏七、八月都是三十一天，硬是少洗了兩天。就算你在入營前有很好的生活習慣，來到這裡也不得不改變自己的習慣來適應這樣的環境。每天早晚各一次的徒手五千公尺跑步、一百個伏地挺身、五十個仰臥起坐、往返靶場全副武裝的急行軍、五百障礙、單兵戰鬥、夜間攻擊、刺槍術……，不分白天或黑夜，也不管出大太陽或下大雨，所有的操課一律按表訂計畫實施。大雨滂沱中，我趴在一堆爛泥裡，等候攻擊前進的指令。

還記得入營前，在鎮公所披掛光榮入伍的肩帶時，還有一位同梯次的弟兄滿臉笑容的跟我說：「你放心啦，我爸爸說在仁武受訓，就跟參加暑期戰鬥營差不多啦！」戰鬥營？應該說是集中營吧？

抽籤分發部隊的前一天晚上，我緊張得睡不著覺。聽說這一梯次有七成以上的兵會抽到「金馬獎」，我很擔心萬一我抽到的部隊在外島，離家太遠了，不能就近照料養母。還好，冥冥之中已有定數，我抽到的部隊駐紮在高雄燕巢，後來奉調桃園龍潭支援。雖然是在北部，但至少不是在外島，心理的負擔減輕了很多。

經歷了兩年的軍事洗禮，讓我對人生有了更深的體會。我發現人一旦離開文明的世界，就必須立刻為自己找到另一個生存的方法。訓練也好，磨練也罷，那些流過的血，太陽會晒乾，那些掉過的淚，雨水會沖淡。在成長的過程中，因為這一段劇烈的起伏，面對不可抗拒的現實，慢慢學會坦然的承受。從一個血氣方剛的男孩，蛻變成一個成熟、負責的男人，正所謂木不雕不成材，玉不琢不成器。部隊的生活歷練，讓我累積了更多、更強的能量。我要在退伍之前做好準備，面對我即將展翅翱翔的那一片天。

心裡的那一座
奮起湖

人生的方向盤

1988年七月退伍初期，爲了希望在短期內能穩定自己和養母的生活，我並未如先前預期的重返修車職場，而是接受部隊長官的引薦，擔任台南某企業家的私人駕駛。一個月近兩萬元的薪水，是當時一般勞工薪資的兩倍，但是我也同樣爲此付出了寶貴的時間。從住家到公司，從公司到球場，無論是辦公、應酬或是休閒，從早到晚，難得有喘息的時間。但是這份高薪，又是我眼前所極需的收入，所以儘管不輕鬆，還是得當一天和尚敲一天鐘。

幾個月後，有一天開車在路上，我突然這麼想著：我開著這麼昂貴的進口車，也握著質感超優的方向盤。但是，要向左轉或向右轉，卻不是我能決定。那……我的未來呢？難道我要一輩子都這樣由別人來決定方向嗎？雖然這份工作讓我衣著光鮮，和過去滿身油污相比，的確是安逸許多。但是，我知道再這樣毫無目標的盧耗下去，我將離夢想越來越遠。於是我決定遞出辭呈，掌握自己人生的方向盤。

爲了覓得理想中的好工作，我費心準備了幾份精美的履歷，希望能帶來好運氣。只是，接下來的一切都不是我想像中的順遂。依循著報紙

求職廣告，我興沖沖的跑去應徵。但面試官看過我的履歷表之後，面有難色的問道：「你……什麼學校畢業的？」

「南投縣立中興國中。」我靦腆地應答。

「那你有看清楚我們公司徵人的資格限制嗎？」面試官輕輕放下我的履歷，帶著些許不耐煩的口吻。

「有，我知道貴公司的……」

「既然這樣，那你應該很清楚，我們要求的學歷是高中、高職以上。」

「我知道，可是我……」我嘗試著要讓面試官知道，雖然國中畢業後，我沒有繼續升學，但是因為持續不斷的進修、充實，現在的程度絕不亞於高中學歷。但是，我沒能為自己爭取到說明的機會。

「好了，就這樣。下一位……」任誰都聽得出來這是一句冰冷的逐客令，特別是對抱持著信心與熱忱的我來說，就像一記重拳，捶在我的胸口。接下來好幾個星期的求職，每次都是碰了一鼻子灰，每次都是失

望而歸。

要去應徵工作之前，我當然很清楚應徵資格。但是因為我認為以自己的能力應該足以勝任，所以相信一定會有伯樂賞識，讓我有機會證明我真的可以。屢屢被拒於門外，除了學歷太低之外，我還做錯了什麼呢？

看著街上來來往往的人車，我若有所思地呆坐在運河邊。「大家都在忙什麼啊？」暫時放下求職受挫的失落，我突然對路人的行色匆匆感到疑惑。眼前這位提著公事包的時代青年，對街那位花枝招展的妙齡女郎，踩著腳踏車的老伯，推著板車的歐巴桑……，他們都在忙些什麼？是追逐夢想還是謀生而已？努力的結果是什麼？辛苦的代價是什麼？這些沒有答案的問題，最終還是問倒了我自己。

七彩霓虹燈點亮了這個繁華的城市，有人忙、有人盲、有人茫。夜深人靜時的這個城市，像是洗淨鉛華的女子，坐在梳妝檯前孤芳自賞。同樣一個地方，堆疊了許多人的夢想，但這個地方無異也是許多夢想的墳場。當初決定辭去待遇優渥的工作，就是不想讓金錢買斷了我的志氣。但在現實世界裡，經濟的壓力卻遠大於憧憬的魅力。我開始明白

了，築夢很容易，但是要想一一實現，卻不能只靠志氣而已。

載不動許多愁

　　一時之間找不到理想的工作，突然沒有收入，仍要應付固定的生活支出。偶爾再匯個幾千塊錢回家，手頭倍感拮据。雖然已經盡己所能的省吃儉用，但是節流畢竟是消極的作法，為了生活，我不得不暫時放下昨日的春秋大夢，面對今日最迫切的現實問題。坐在辦公室吹冷氣的工作，我不敢奢望了。眼前只要薪水夠我和養母兩人過日子，不管是什麼工作，我都願意。

　　原本打算回鍋從事汽車修理，但是跑了好幾家保養場，都嫌我資歷不夠，而不願以技師的薪水僱用。最後終於在待業了一個半月後，找到了廚具行送貨的工作。早上九點上班到晚上九點，從工廠載送廚具至建築工地、一般住家，並協助安裝。一天十二個小時下來，整個人就像中了「化骨綿掌」似的虛弱無力。有時候被鋒利的不鏽鋼割傷，不但沒能稍作休息，簡單消毒傷口包紮之後，還被半強迫的繼續送貨。坦白說，

這麼耗費體力的工作，實在有點累，但我一點也不覺得苦，因為只要想到下個月的生活費有著落了，高興都來不及呢！再說，年輕人吃點苦是應該的！

一個月過去了，半年過去了，生活上，適應了；工作上，也更駕輕就熟了。有一天下午，我載著一車的流理台、抽油煙機，要分送到幾個不同的店家。不巧，這輛跟著我南征北討的三噸半小貨車，竟然在半路上跟我耍脾氣，引擎散熱風扇的皮帶斷裂，造成引擎過熱拋錨了。車子拖回修理廠之後，老闆責罵我粗心大意，要我負責車子搪缸修復的費用。我承認我有疏失，但是要我因此全然承擔所有的責任，似乎是太苛刻了。低頭道歉，沒有用；說情論理，老闆也不接受。在他剋扣了我當月份的薪水之後，我便黯然的離開了。

我一直認為事情應該不至於如此才對，即使有錯，也不該讓我付出這麼大的代價吧？退伍至今，工作一直不穩定，應該如何是好？看著本來應該是握筆寫字的這一雙手，如今卻長滿了繭？還有結痂的傷口，為什麼會這樣呢？

在過去，無論身處什麼樣的環境、遇到什麼樣的事情，我總是選擇

逆來順受。縱然著百般不願，但仍盡心盡力讓苦化作一抹甜。只是這樣不停的退讓，路還能走多長？這種無情的搏鬥，我還要過多久？每每被擊倒在地，我都告訴自己一定要再奮起，只是似乎我躺在地上的時間，遠遠多過我站起來的時候。惆悵慢慢多了，渴望也隨之漸漸少了。

老天爺刻意安排的點閱召集

　　從部隊退伍之後的這四年來，苦惱於學歷的限制，一直沒能找到我想要的工作。曾經很短暫的想過要半工半讀，但是錢多的工作工時長，我趕不及上課。錢少的工作，又怕不足以應付學費、生活費。所以這個念頭，只在腦海中曇花一現而已。以目前的狀況來看，除了付出勞力與時間換取三餐溫飽，其餘的都是奢望。

　　有一天晚上，我突然接到養母打來的電話，說南投後備司令部寄來了一紙動員令，要我在九月十七日向南投某部隊報到，參加點閱召集。前不久和同事在聊天時，聊到後備軍人點閱召集和教育召集的事。有些人退伍之後，幾乎每年都會收到動員令。才吹噓著自己四年來從未參加

過任何召集，沒想到就接到動員令了。

我依法向公司請公假的時候，還被其他同事戲謔：「免去啦，免去啦，反正你說國家不需要你啦！哈哈哈……」如果可以不去，我還真不想去。當過兵的都知道，為期一天的點閱召集其實很無聊。看政令宣導的錄影帶、鬼扯聊天，吃完中餐、領取百來元的薪餉、交通費，拿到解召令就拍拍屁股說再見。要不是因為拒絕動員召集，會惹上妨害兵役的官司，我還真不想浪費賺錢的時間。

這次點閱召集，老闆給了我一天的公假（點閱召集）、一天的事假（往返交通）。心想也好，已經半年沒回家了，趁這次機會回去看看也好。十六日下午回到家，還沒到門口，就聞到一股菜香撲鼻而來。為了我這次回來，養母還特地早起，到遠在六公里外的大菜市場買我愛吃的菜。一進家門，我便直奔廚房，看著她俐落的身手，架勢絕對不輸五星級的大廚。不久之後，滿滿一桌色、香、味俱全的豐盛菜餚，教人食指大動。

「就我們兩個人而已，您不用準備那麼多菜啊！十幾道菜，兩個人吃不完的啦！」我有點心疼她的勞累，也怕吃不完會浪費。

「沒有關係，你很久沒有回來了，在外地工作賺錢很辛苦，你又捨不得給自己吃好的，媽媽給你補充一點營養，讓你有多一點的體力。也不知道下一次是多久以後，我們才能再坐在一起吃飯……」

聽完這句話，我的眼淚差點沒飆出來。

「媽媽，您不用擔心，我在台南一切都很好。只是因為工作時間很長，有時候休假想多賺點加班費，所以不能常常回來看您。」

「唉，都是媽媽拖累你了！」她一聲長嘆，熱淚盈眶。

「不要亂講，這都是我應該做的。是我做得不夠多、不夠好……」我趕忙安慰著情緒低落的她。

「好了，你難得回來，我們要開心一點，吃吃看這些菜，看媽媽的技術有沒有進步？」她一邊擦著淚，一邊為我挾菜，巴不得我能多吃一點。

這一餐，我吃了好久。每一口飯，我都慢慢咀嚼；每一道菜，我都細細品嚐。我們盡情地享用難得的美味，也暢快地聊著風花雪月。這是

媽媽才有的手藝，也是家才有的味道。

在昏黃的燈光下，我端詳著養母那張蒼老的臉，佈滿無情歲月刻下的痕跡。第一次這麼清楚地看到她的皺紋，心裡竟然湧上一種莫名的感動。為了賺錢養家，我遠走他鄉，留下她一個人孤獨的生活。雖然明知是環境使然，是無奈的選擇，但眼前不爭的事實是我未能承歡膝下，這就是我的不孝。

那一夜我輾轉難眠，很多想像的畫面在心裡翻騰。想像在太陽下，只有她的影子陪著她。滾滾黃沙漫漫長路，一個影子一定很寂寞。想像在風雨中，寸步難行的她；想像在停電的夜晚，驚慌失措的她；想像在往返醫院的途中……，越想越難過！一心只想賺錢孝順母親的我，竟然讓她過這樣無依的生活？最後，終於在睡前做了決定，我要搬回南投！錢少賺一點沒關係，日子清苦一點又何妨？只要能讓她平安、快樂，什麼都可以！

隔天一早，我忍著沒說出我就要搬回家的好消息。希望等我回台南處理完工作的問題之後，再給她一個驚喜。吃過愛心早餐、和養母話別、互道珍重之後，便動身前往部隊報到。結束一如先前所預期的那些

「不甚營養」的課程，領到解召令後，我就兼程趕回台南了。

　　一路上，我反覆的思考著：「什麼時候辭職最好？發薪前還是領薪後？要怎麼辭呢？回南投之後，我要找什麼工作？」坦白說，我還眞應該感謝後備司令部，如果不是這「適時」的後備動員召集，我大概不會這麼早決定返鄉，因爲這跟我原先榮歸的構想不一樣。但現在也顧不了這麼多了，只要目標不變，偶爾調整方向，或許還能因此看到更美的風景，人生不就是這樣嗎？

寂寞的戶口名簿

　　回到台南的第一件事，就是探老闆的口風，想知道他是否能欣然接受我的辭職。還好，情況並沒有我所想像的複雜。放鬆心情之後，便和同事聊起昨天參加點召的趣事。對於我要回南投的決定，他們也多給予正面的支持。但這一份好心情，並沒有維持太久，一通從南投打到公司的電話，差點沒讓我暈死過去。

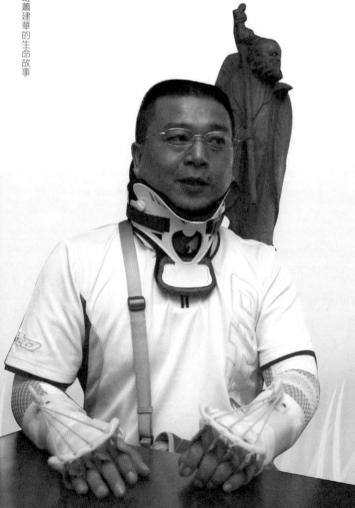

下午四點多，才從外面忙完回來不久，會計小姐神色驚慌的跑過來對我說：「剛剛有一通電話是找你的，他自稱是你南投老家的鄰居，說你媽媽已經往生了，要你趕快回去！」聽到這個消息，直覺就是有人在惡作劇，又好氣又好笑。昨天我才從南投回來耶，這是不可能的啦！不知是哪個沒知識的傢伙，開這種沒營養的玩笑？要是讓我知道是誰，非

漸凍英雄蕭建華與達摩木雕。

得臭罵他一頓不可！雖然養母的身體狀況時好時壞，但是前兩天還好好的一起吃飯、聊天，我認爲這絕不可能！

「要不然，你打通電話回去問一下，就當是跟媽媽問候、報平安也好。」老闆善意的提醒我，查證這個消息的眞假。

電話響了很久，沒人接聽。心想：這時候她應該在家的啊！我不死心地再撥了好幾通，還是一樣。最後打給隔壁的陳伯，總算找到人了。

「陳伯，我是建華……」我還若無其事的想先問候他。

「建華，你快點回來，你媽媽死了……」陳伯情緒激動地說著。

「怎麼會呢？昨天還……怎麼會呢？」我不可置信的反覆問著。

「是眞的呀！你媽媽死了，你快點回來……快點回來……」

掛上電話，我癱坐在椅子上，半晌回不過神來，頓時腦海一片空白。耳邊還不時迴盪著陳伯淒厲的哭喊著：「你快點回來……」爲什麼會這樣呢？

老闆從口袋裡掏出五千塊錢，輕拍著我的肩，要我趕緊回去處理後續事宜。坐在飛也似的計程車上，我緊靠著車窗，凝視遠處忽明忽暗的點點星光。像是天使們晶瑩剔透的淚珠，掛在低垂的夜幕。前一秒還在促膝長談，下一秒卻是天人永隔。要說無常，莫此為甚。

我跪在靈前，止不住沉痛的哀號，忍不住激動的咆哮。不是說「上天有好生之德」嗎？若真有悲天憫人之心，為何對我這一家人寡義薄情？樹欲靜而風不止，子欲養而親不待。盼不到我功成名就，等不到我衣錦還鄉，無怨無悔付出了努力，如今眼看一切成空。一直到棺木入土的那一刻，我依然耿耿於懷，恨自己不能成材，也怨天不從人願。

空蕩蕩的這個家，曾經是我的避風港，而今景致依舊，但人事已非。從戶政事務所辦完除戶手續之後，那一張泛黃的戶口名簿上，只剩下我一個人的名字。這種空虛的感覺，又豈是寂寞二字所能言盡。我像一艘破舊的小帆船，獨自航行在無際的汪洋，勇搏無情的風浪。眼看著就要靠岸，沒想到捲起洶湧波濤，又將我推向無邊的汪洋。眼前的情況，實不容我坐困愁城、自艾自憐。多蹉跎一秒，對我而言，都是一種無謂的損耗。打起精神，收拾起悲傷，整理好失落的徬徨。如果這裡不是我能停靠的港灣，那麼我寧可相信，下一站，就在不遠的前方。

八年苦讀換來
一紙學士證書

把失去的找回來

　　雖然養母的驟逝，帶給我極大的打擊。但是從另一個角度看，我也卸下了肩上那個已經扛了十餘年的養家重擔。一個人的日子有點孤單，但也少了許多壓力，一個人飽就全家飽了。有一天下午，一時興起，騎著摩托車到海邊看夕陽。

　　坐在防波堤上，迎著徐徐的海風，聽著海浪拍打的聲音。日出日落、潮漲潮退，是誰令之所以然？是你？是我？當然都不是！能拒絕嗎？當然不能！那是一種自然運行的規律，由不得你也由不得我。那麼是誰賦予它們詩畫般的情境？可能是你，也可能是我。過去因為不可抗力的環境因素，我必須面對現實給我的磨練。而在困境中，所有的考驗我也都不能拒絕。有些挫折似乎無異於日出日落的無從選擇，也近似於潮漲潮退的冰冷、無情。但是，如果我能賦予自然豐富的想像力，為什麼不能賦予人生更旺盛的行動力呢？

　　或許命中注定了我要失去這些，但是命中不會注定我能擁有什麼？想要什麼，就要努力去追求。我已不堪於周而復始的苦心智、勞筋骨；我更不甘於日復一日的餓體膚、空乏身。為了理想中的未來，我必須改

變現在，要改變現在，我就要更努力的將失去的找回來。因為過去沒有機會升學，才會造成現在這樣的勞苦。未來如果不想繼續這樣，我一定要把握機會繼續唸書。

二十八歲，眼看著就要進入而立之年，有很多人早已經順利完成學業，也都在打拼事業了，而我卻才正要唸高中。起初，對於自己一把年紀了，還要跟一群十幾歲的小毛頭一起唸書感到膽怯。身邊的友人也都認為我是多此一舉、虛擲青春。但是幾經思量，最後我還是鼓起勇氣報名台南一中補校，決心以半工半讀的方式，繼續完成我的升學夢。

有人說：「大部分唸補校的人，都是在打混摸魚等文憑。」我卻深深不以為然。每個來讀補校的人，都有其不為人知的苦衷。打混摸魚的當然有，有些自恃家境富裕卻不思長進，有些自認沒有未來而自甘沉淪。但也有不少人是抱持著旺盛的企圖心、求知慾而來的。特別是像我這樣稍有年紀的老學生，在課堂上總是最認真的一群。

很幸運的，在這裡我所看到的是：沒有放棄學生的老師，只有放棄自己的學生。只要有心想讀書，補校也是一條路。記得導師在開學的第一堂課時，曾經勉勵班上的同學：「不管你們現在是依賴家人資助，還

是靠自己半工半讀，各位付出的時間都是彌足珍貴。既然付出了寶貴的時間，就應當用心的學習。學習為成功找方法，而不是為失敗找理由。」嗯，說得真好！我就是要努力不懈地找到成功的方法。身上的汗臭、斗室的書香，那不是辛苦的感覺，而是一種幸福的味道。

無心插柳柳成蔭

在取得高中學歷之後，打鐵趁熱，繼續報考南區夜二專聯招，很幸運地考上了嘉南藥理學院（現為嘉南科技大學）的工安科。但是昂貴的註冊費，卻讓我吃足了苦頭。好不容易省吃儉用存下的錢，繳了學雜費之後，又去了一大半。一想到這樣勒緊褲帶的日子，還要熬三年，心裡不禁暗暗叫

成大學生證

苦。就在第一年下學期的學期末，我和班上一位同學課後閒聊，談到高額學費的窘迫時，他也心有戚戚焉。沒想到隔天，他竟然拿了一份報名簡章給我，邀我一起參加國立成功大學夜間部的考試。

「天啊，你會不會太抬舉我了啊？國立成功大學耶！」我第一直覺是他一定是在跟我開玩笑。

「試試看嘛！不試你怎麼知道結果會怎樣？有幸考上的話，不但能即刻改善高額學費的困擾，未來也許還會有意想不到的改變，你不願意為這更好的可能，給自己一次機會嗎？」他這一番出自內心的忠告，徹底改變了我的將來。對啊，辛苦地拼了這麼久，為的不就是要讓一切更好嗎？如今有這樣的機會，我竟然連試都不試，就認為自己不可能？還沒開戰就急著認輸，這豈是一個熱血男兒應有的作為？

恍如大夢初醒一般，我充分利用上班以外所有的時間，將高中時期的課本翻了一遍又一遍，全力為這次的考試做準備。放榜後，我考上成大中文系，但是我沒有很開心，因為當初邀我一起應試的同學，竟意外落榜了。我很自責的認為是自己害他擠出榜單之外，他卻語氣平和地安慰我說：「我沒說錯吧？不試試看怎麼知道結果？」的確如此，如果當

初我錯放了這個機會，我就同時錯過了更好的可能。有幸考上了國立大學，雖說是無心插柳的意外，但是為了不辜負這猶如天賜的恩典，我告訴自己，無論如何一定要讓這片柳林成蔭。

掌聲響起的那個舞台

「考上成大是很好啦，可是你唸中文系，畢業後要幹嘛？」朋友好奇地問我。

其實我根本還沒想到那麼遠的事，一開始，只是抱著既來之、則安之的心態。我都還不知道能學到些什麼，怎麼知道以後能做什麼？慢慢的，我知道了，我在這裡所學到的或許不是實用的謀生技能，而是做人最基本的道理。在看似刻板的歷史故事裡，領會先賢的忠孝節義；在看似枯燥的古文詩詞中，一睹前人的文采風華。一草一木可以驚天地，一字一句可以泣鬼神。釋文之義、傳人之情、達天之理，文字之美，竟找不到文字來形容。也因此我開始喜歡寫日記，嘗試將一天生活中所接觸到的人、事、物，用優美的文字記錄真切的感受。即使在工作中，偶爾

演出照片

演出照片

思緒撥弄靈感，信手拈來又是一篇手札。

　　大一下學期，忘了自己是初生之犢，也不管自己羽翼未豐，竟也送出一篇散文，參加第二十六屆鳳凰樹文學獎甄選。在眾多參賽作品激烈的競爭下，獲選為佳作。對一個新鮮人來說，能在一群學術兼備的學長姐中，獲得評審青睞脫穎而出，這是一種肯定與鼓勵。

　　在這幾年的大學生活中，除了埋首於書堆之外，最讓我回味無窮的是參加每兩年舉辦一次的鳳凰劇展演出。第十七屆劇展，我在「機不可失」劇中，飾演一個原住民手機店老闆，獲頒最佳演員獎；第十八屆劇展，更是風光。除了最佳劇本未獲獎之外，其餘所有的獎項如最佳導演、最佳音效、最佳團隊等，都被我們囊括了。我也不負眾望的在「茉

莉花」劇中，飾演視錢如命的幼稚園園長，再獲最佳演員獎。

　　從此我便成了系上的風雲人物，學弟妹不再稱我學長，而是改口叫園長。獲獎的感覺其實真的還好，真正讓我動容的是來自舞台下的笑聲與掌聲。在畢業前最後一次文學獎晚會的表演節目中，我首度嘗試以自編相聲的表演方式，改變以往節目沉悶的刻板印象。短短三十分鐘，笑聲不斷、掌聲不停，贏得滿堂喝采。

　　台上一分鐘，台下十年功。雖然演出前的準備時間很有限，但是為了將最精采的演出，獻給台下的觀眾，每個人都無不盡其所能。討論劇本、對戲定位、道具服裝、燈光音效，全由一群熱衷舞台表演的傻瓜，一手包辦所有繁浩的工程。尤其是相聲演出，劇本要自己編，台詞要記牢，包袱不能落俗套。有時候為了培養搭檔之間的默契，磨戲都磨到三更半夜。

　　瘋了吧？對一個白天有工作、晚上要唸書、假日寫報告的我來說，的確像是著了迷。休息時間都嫌少了，還硬把苦差事往自己身上攬。雖然熬夜寫劇本、背台詞，辛苦的是自己；氣定神閒看表演，狂笑的卻是別人。但是，我依然樂此不疲。因為站上舞台，我覺得我比神更偉大。

無論造物之神有再多的能耐，祂依然無法讓每一個人都笑。但是在這裡，不管你是王公貴族或是販夫走卒；不管你是藍眼睛或是黃皮膚；不管你是男女老少、高矮胖瘦，舞台上賣力演出的這個我，就是要送給坐在舞台下的你，一個用錢都買不到的禮物——笑！會心的微笑，開心的狂笑，只要能讓你拋開煩惱，只要能讓你用快樂來結束一天的紛紛擾擾，你的笑聲就是我的驕傲。因為我做到了連神都做不到的事，還有什麼是我不能的呢？踏上這個舞台，聽到觀眾的笑聲，讓我得到了一點小小的成就；走下這個舞台，循著觀眾的掌聲，讓我找到了我要去的那個方向。

演出照片

演出照片

等待枯萎的日子

等不到苦盡甘來

2002年六月，我以三十六歲高齡，完成大學學業，順利自國立成功大學中文系畢業，取得學士文憑。

握著這張學士證書，激動的心緒，久久不能平復。在成功湖畔，我抬頭仰望藍天，希望養父母能夠看見，看見我的努力沒讓他們丟臉。從二十八歲到三十六歲，整整八年半工半讀的日子，總算讓我熬過來了。這八年是我人生中最精華的歲月，不知交織了多少血淚。但是因為相信自己值得更好，所以我義無反顧地付出。從小就不怕吃苦，那是因為

畢業照片

「苦盡甘來」這句話讓我無論處在什麼情況下，都能抱持著一點希望。站在這個嶄新的起跑點上，我已經準備就緒。就等老天爺一聲槍響，我就要整裝出發。

沒想到畢業後還不到一年，2003年三月下旬，那一隻寫劇本的右手，突然沒有力氣。起初以爲是過度操勞所引起，隨便找一家中醫診所針灸、電療，心想休息一陣子應該就沒事了。

但是兩三個星期後，病情不見改善，反而有更無力的狀況出現。到醫院做過檢查之後，得知神經傳導出了點問題，醫生開了一些幫助神經成長的藥物，要我觀察兩三個月看看是否有進步。這一等，我的右手幾乎報廢了。不僅如此，連左手也感覺怪怪的。

轉診至另一家稍具規模的醫院，也做了更進一步的檢查之後，主治醫師斷言：我的脊髓柱狹窄，有部分神經受到頸椎壓迫，建議我即刻進行頸椎的減壓手術。本來我還豪氣萬千地認爲，該開就開啊！但在評估手術的風險之後，我又有幾分猶豫了。萬一一個不小心，傷到了其他的神經，造成永久性的癱瘓，這可怎麼辦？不開刀任其惡化，那也不行啊！左思右想，我似乎沒有選擇的餘地。最後我還是簽下了手術同意

書，決心跟它拼一次。

　　七月十一日早上八點進入手術室，歷經四個小時的手術，在中午順利完成。別以為切除幾塊小骨頭沒什麼大不了，可知術後醒來，承受那種痛到骨子裡的痛，我真恨不得乾脆嚼舌自盡還比較痛快。在那兩個禮拜的住院期間，我就像一攤爛肉，躺在病床上動也不能動。每次痛醒過來之後，一陣哀號就換來一針鎮靜止痛。就這樣半夢半醒了十四天，等到傷口拆了線、辦出院，猶渾然不知日後還有更嚴峻的考驗。

　　該切的都切除了，該痛的也痛過了，天啊，快點讓我好起來吧！這一路辛苦的走來，好不容易才唸完大學，有好多理想等著我去實現耶！我滿懷希望地接受醫院為我安排的職能復健治療，沒想到就在復健的過程中，意外發現我的肌力竟然隨之不斷的流失。原本是要幫助我恢復肢體功能的復健治療，竟然成了損耗體力的幫兇。

　　眼見狀況越來越差，職能治療師建議我停止復健，會診主治醫師，再決定後續的療程。在看過復健科的評估報告之後，主治醫師表情木然地說：「照目前的情況看來，當初對病因的判斷可能有些錯誤，建議你轉往國家級的醫學中心，繼續做更詳細的檢查。」是的，這番話的意思

就是說，脖子那一刀白挨了！沒有一聲對不起、沒有半點善意，來對自己誤診的行為表示歉意。誰來幫我把被你切掉的骨頭裝回去？誰來幫我把送你的紅包要回來？我該不該生氣？我真應該生氣，我應該要很生氣！但是我卻沒有時間生氣，因為病發已經五個月了，到現在我還不知道我究竟是怎麼了？

一段面對枯萎的日子

近半年來進出大小醫院不下數十次，走訪名醫十餘人，得不到確切的回答。甚至在極度徬徨的情況下，從南到北求神問卜，管祂是聖母、濟公或是三太子，眾說紛紜讓我莫衷一是。

2003年九月底，也就是病發後的半年，總算讓我找到答案了。幾經折騰，終於在成大醫學中心與台北榮總聯合會診之下，診斷出我罹患了一種在國外發生率只有十萬分之六，在台灣一年出現不到十個病例的「慢性多發性脫髓鞘神經病變」（CIDP）。

乍聽之下，這一串長如葡萄的病名，確實有點嚇人。心裡開始納悶：這是一種什麼奇怪的病啊！連聽都沒聽過耶！原來這是一種因免疫系統辨識障礙，導致攻擊破壞自體的神經所引起的病變，它會從身體的最遠端慢慢的往身體中心惡化。因其多發的特性，除了肢體無力之外，視神經、吞嚥功能甚至呼吸系統都有可能遭受破壞。

真糟糕，不能呼吸那我會死耶，還沒開口請醫生備妥仙丹妙藥救我，他又接著說：「很遺憾，因為這種病的致病原因不明，目前尚無很好的藥物能給予積極的治療。只能消極的依賴類固醇及免疫抑制劑，希望能延緩惡化的時程，多爭取一點存活的時間。」

完了，我玩完了！這麼奇怪的病怎麼發生在我身上？台灣有兩千三百萬人口，為什麼偏偏是我？這樣的病又沒有藥可以積極治療，往後我就注定要像一個盆栽，沒有澆水、施肥，一天一天慢慢的枯萎嗎？

大學時期的死黨陳文霖聞訊趕來探視，看到我虛弱的躺在病床上，像一個沒有靈魂的布偶，空氣彷彿凍結了一般，兩人半晌都說不出話來。

「老鬼，你……還好吧？」他就愛叫我老鬼，說我是上了年紀的鬼

才。

「文公⋯⋯」他是班上公認的文學奇才，所以被賜予文公這個封號。「我很嘔、也很幹，你說這是好還是不好？」情緒性的字眼，未經大腦思考，雖然不是很文雅，但卻簡潔有力的一語道出我心中的忿怒。聽我娓娓道來病後這一路的曲折之後，他沒有勸我想開一些、看開一點。反倒跟我聊起當年在舞台上的種種往事，還有許多一起把妹的糗事。暢談了一整個下午，時而哭，時而笑。在他臨走之前，我對他提出了一個小小的要求：「幫我把心情寫下來，PO在夢大的BBS站。」

「老鬼，你安心養病吧！我會做我能做的。」他臉上掛著自信的笑容，和我擊掌加油之後，便驅車回屏東去了。不到一個禮拜，我的心情故事果然就出現在夢大BBS站了。

轉載部分原文與大家分享。

午後一陣滂沱大雨襲來，窗外迷濛的濕意染上心頭，應是入秋時節了，萬物又將披上蕭索之色，為了冬去春來提早做準備。自然的往復，在別人眼中只是過往雲煙的印象，但看在我眼裡，卻是一種難以言喻的悲歡！

在這段等待奇蹟的日子裡，每位主治醫師所診斷出的病因一再被推翻，走南闖北、四處求醫的結果，換來頸後的一刀，換來三個月頸椎固定器所造成機械式的舉止生活，頸部以上的動作全被明令禁止，連在惡夢中驚醒，都得小心翼翼地確定頭部方位，以免「身首離異」。

頭頸之間的枷鎖不斷「提醒」我，人生不能重來。

術後的復健仍密切進行，雙手雙腳卻已漸漸不聽使喚，從前在部隊磨練出來的臂肌，以及常被譏爲蘿蔔的小腿肚，現在都已逐漸萎縮而喪失肌力，醫生仍要我樂觀以對，我積極投入復建工程，重生的渴望浮現在每晚的睡夢中。

還記得在大學時期，系上每年的晚會活動或戲劇表演，都因爲我的賣力演出而滿場歡騰。至今系上的BBS站上還有不少學弟妹正期待我重回校園，再度取悅他們呢！當年我從原住民演到幼稚園園長，從頭髮斑斑的退伍老兵蛻變成說學逗唱的相聲演員，我的酣暢淋漓、舞台上聚光的虛榮，讓我滿足至今無法忘懷。

看著窗外的淒風苦雨，看見床前的自己，不良於行的我，手腳已漸行萎縮，但身材卻稍嫌臃腫，是橫躺過度的結果吧！我揪心盤算著所餘

的生命，雖然自覺時日無多，但在窮極無聊的度日中又覺得太過漫長。脖子上的刀疤快變舊痕了，不過我仍然沒有「回頭」的能力，因為頭頸之間的牢籠枷鎖不斷「提醒」我，人生不能重來。再度進醫院時，我的「醫病關係」已十分脆弱了，白老鼠的實驗失敗後，屢戰屢敗的潰卻，迅速襲掩堅強的鬥志，信任已如薄冰。

醫師告訴我頸部那刀是白挨了，因為那並無助於病情好轉，就像是替癌症末期的病患割盲腸一樣，徒然耗弱元氣。現在連復健治療都已停止，原因是醫生發現復健越勤，肌力耗損越快，所以醫生要我做脊椎穿刺等一連串「痛不欲生」的檢查，然後再正式宣判我可能的死因以及死亡日期。

我現在正和自己的生命競賽，「好整以暇」地面對逐漸流失的生命力。也許不久之後，我可能只剩下眼瞼和大腦還有活動能力，可以清醒地看著自己肉不附骨的軀體，並冷眼旁觀親友對我的關注與不捨。就好像往生的靈魂看著別人對自己的軀殼痛哭一般，這絕不是超乎現實的想像，而那時的我身上正插著幾根管子，這些管子是生命的證據，證明我還苟延活著。

誰會來對一個還有思考能力的「屍體」

表達關切？

很難想像一個活著的人只能用眨眼來表達Yes or No，只能用眼神來傳達哀戚與痛苦。我不知道那時我的身邊還有誰，誰會來對一個還有思考能力的「屍體」表達關切？還是一堆醫學研究人員正商議著何時才能一刀一刀將我剖開，好瞭解到底是什麼鬼東西在我體內作怪，並且為我復仇？

自發病以來，我一直在尋找與我的病情有關的文獻報導，其實我很清楚我可能逐漸喪失身體的各項功能，身體將會持續萎縮，最後到達體肉分離的地步，一副人鬼難分的異象。我在想，我是不是該為自己的生命留下什麼？有時我也會有股衝動，是不是要用自己的決心來宣佈自己的死期？因為我若不能有尊嚴地活著，也該有尊嚴地擁有死亡的主導權。所以，我現在還在想，究竟哪種死法較有尊嚴？

還記得這次要來住院時，剛從車上緩步移出，一步一步沉穩地邁向醫院門口，突然感覺左腳一麻，整個人蜷曲倒地，頸椎因劇烈拉扯所產生的椎心刺骨之痛，已經足足讓我對下床走路維持了好幾天的恐懼感。

直到昨天醫生為我做完腰椎穿刺的檢查，整個人像極了佝僂不全的怪物。

天哪！我必須如此對待我的殘軀嗎？我的殘軀必須要透過如此嚴酷的刑求逼供，才能招出病因嗎？殺頭不過頭點地，我真想草草畫押，捲蓆入殮就算了。我不甘心自己的生命如此短暫，但是不甘心又有何用？所有路標都指向絕途，我只好流於宿命的論述，讓命運來闡釋結束。

小鈴和她的家人為了我耗盡了精神氣力，我們原本明年要結婚，現在她義無反顧地守著我，但我又何忍拖著她？看著她因為我而消瘦，每天下了班就來照顧我，幾近形銷骨立，旁人不說我也知道，往後的日子我將與她恩斷義絕，直到人鬼殊途。以前聽人說「來世夫妻」，我總認

漸凍英雄蕭建華艱難的上下樓梯。

為那是神話故事、古老的傳說，現在我不得不誠摯地向小鈴說：「命該如此，就讓我結草銜環，來生再報了。」這段人生走到這裡，感覺自己像個正在等待槍決的死刑犯，就只等判決確定、法務部長簽字而已。

這是一場不公平的對決，
一場提前分曉的表演賽！

突然羨慕起蘇建和等人了，他們纏訟多年，在鬼門關前來來去去，雖然歷經滄桑，總也免去了移籍陰間的手續。這樁離奇公案，有許多人為他們奔走呼告、遞狀訴冤，終於得到一個重見天日的結果，一行人當庭釋放，豬腳麵線伺候。

而我呢？開封府尹一聲「刀下留人」的震撼仍留有餘緒，月形眉心的鐵面猶現好生之憐，但我的青天何在？誰能替我洗刷「冤情」？血淚交織的訴狀，鳴冤百遍的悲憤，從來無法上達天聽。是誰寫的劇本，一意賺足觀眾的眼淚？朗朗乾坤拂臨世人，日頭炎炎卻無法普照群倫。

　　魂歸依舊離恨，有情盡被摧毀；怪病纏身的世界，群魔亂舞的天地，嗜血的導演，不是每個波瀾壯闊都該以悲劇收場吧！愛我及我所愛的人，我必須告訴你們，這齣戲以我的生命作腳本，真人實地即時播出，但這是一場不公平的對決，一場提前分曉的表演賽！上帝這一等奸商只等票房分贓，我只好「虛應故事」盡情演出。

　　我是個在孤兒院長大的孩子，當初被父母親遺棄時，院長說我們都是上帝的子民，更滑稽的是，我的身體告訴我，它將不再奉我為主子，就要與我分庭抗禮了，這點還真符合我的宿命，完全承傳離異的因子，篤信上帝意旨，不失乃父乃母風範。此刻的我，應該痛哭還是失笑？

　　屋外的風雨已止歇，而我內心的澎湃仍正洶湧，在這個等待枯萎的日子裡，我全力撿拾所有記憶，加重原已負擔沉重的腦部活動，希望讓我日後唯一可以示人的器官能再擠出一些眼淚，這對於仍然關心我的人，無非也是一種回饋！

　　這是一篇讀起來並不舒服的文章，但有著面對生死關頭最真切的感受，字字句句都出自肺腑。想想自己辛苦了大半輩子，如今卻落得這般下場，雖說天作孽猶可違，但是我忿忿不平地泣訴，祂可曾悲憫垂憐？

誰都希望今天不是最後一天，誰都希望還有無數個明天，但是如果我的明天還是像今天一樣，一醒過來就是面對無止境的折磨，那該如何？明天不一定是最好的選擇，無常也不見得是最壞的結果。

上：漸凍英雄蕭建華與周大觀文教基金會創辦人周進華到成大校園巡禮。

左：漸凍英雄蕭建華靠著電動輪椅站起來。

對抗、妥協、
　　再出發

跟天生氣不如要自己爭氣

隔著玻璃窗望著外面的世界，那個原本是我要大展身手的地方，卻離我越來越遠。素來我即以文人的志節自勉，不忮不求，弱水三千只取一瓢飲。也常以凡人的素樸自居，不卑不亢，陋室簞食無處不怡然。所以對於老天爺所給的，不管是好的或是不好的，也沒想太多，默默承受下來就是了。

我在想：是不是因為看我好欺負，所以盡把別人不要的衰事都丟給我？小時候祂忘了給我一個家，還有爸媽，我沒有怨喔；祂讓我沒有良好的家庭環境，不能順利完成學業，我也沒有怨喔；祂讓我因為沒有好的學歷，找不到理想的工作，我也沒有怨喔。畢竟靠著自己的努力，我也唸完大學啦。但為什麼在這時候要跟我開這麼大的玩笑？我不能選擇我要在什麼時候誕生；我不能選擇我要什麼樣的父母；我不能選擇我要怎樣的成長環境，對，有太多太多的人、事、物，都不是我能選擇要不要、能不能或可以不可以。越想越不服氣、不甘心，我決定要跟祂賭一口氣。既然向天求仍盼不到將來，那我就要要回我的現在。就算要赤手空拳與祂對抗，我也在所不惜。

在附近雜貨店買了一包木炭，想要結束一眼望不盡的悲苦。踩著疲憊的步伐，帶著沉重的心情走進家門。木炭還沒來得及打開，不知道為什麼就轉進了我的書房。我看到三大櫃滿滿的書、貼在牆上的獎狀、桌上的筆記本、成績單、生活照……，不禁回憶起求學的那段日子。「這八年苦不苦？」我捫心自問。這八年還真辛苦！為了讀書，我犧牲了很多享受。別人晚上可以到KTV狂歡高歌，我得到學校埋首苦讀；別人假日都去郊遊、去聯誼，我得上圖書館找資料、做報告。別人可以茶來伸手、飯來張口，我得為了生活、學費、房貸，忙得連生病的時間都沒有。

不只這八年苦，三十多年來，每一天都過得不輕鬆。「但這些苦，現在到哪去了呢？」當我緩緩攤開那一張國立成功大學學士證書時，我終於明白了！雖然它們確實存在過，但是因為我願意勇敢地面對它們，因為我願意盡全力去克服它們，我才能如願的唸完大學，不是嗎？此時此刻，那些挫折、考驗，全都被我拋在腦後了，也已經不存在了，這一張學士證書就是最好的證明。

跟大多數人比起來，我好像是不幸了一點點。但是當我轉身看看背後，才驚訝的發現，還有人比我更不幸耶！有些人一出生就兩眼全盲，

我還看得到雨後的彩虹；有些人一出生就是聾啞殘障，我的耳朵還能聽、嘴巴還能說；有些人現在只能躺在醫院，靠著機器與死神搏鬥，而我還能自在的呼吸。他們都能那麼有尊嚴的爭那一口氣，堅持活出生命的意義，我有什麼資格放棄呢？他們都沒有被擊倒，為什麼我卻轉身想跑？「不管過去再辛苦，如果我都能勇敢的征服，為什麼在生死存亡之際，我卻要懦弱的屈服呢？」

跟老天爺生氣有用嗎？沒有用耶！因為跟祂生氣，祂並沒有讓我的病好起來。這些年我又是怎麼熬過來的呢？在逆境中，不是一次又一次的跌倒，然後一次又一次的站起來嗎？眼前我應該做的，不是跟祂生氣，而是要自己更爭氣。以前我可以做到，這次我會做得更好！我不相信辛苦了一輩子，只換來一包木炭作為結局，我也不相信生命的價值，是由天來決定能否賦予。

哈哈，這一次我又懂了，在無數次的對戰中，我始終挺著胸、抬起頭，原來我是祂眼中那個可敬的對手。縱然祂的明槍暗箭，曾經使我的身體傷痕累累，但是我的心已築成一座堅固的堡壘，堅定死守，絕不撤退。

放鬆了原本因為憤怒而握緊的拳頭，嘴角微微上揚，掛著淺淺的一抹微笑，張開雙手，面對我甩脫不掉的病魔，來一次熱情的擁抱。

與病魔共舞

　　這一場突如其來的怪病，的確打亂了我的生涯規畫，也似乎讓我看不到自己的未來。以為前面不遠就是路的盡頭，以為自己已經一無所有，沒想到念頭轉個彎，我卻看到了更多。雖然我已經沒有親人陪在身邊，但是學校的老師、同學、學弟妹，從我發病之後，就一直不離不棄地照顧、守候，給我鼓勵、為我加油，對我甚至於比對自己的家人還要好。當我不再留戀我所失去的，而是用心珍惜我還擁有的時候，就算我有九千九百九十九個原因想要放棄，只要還有一個理由要我堅持下去，我就有責任要繼續快樂的呼吸。

　　儘管我對病魔已釋出最大的善意，它卻一如頑冥不化的惡徒，依然我行我素。每天都因為神經疼痛而醒過來，每晚也因為神經疼痛難以入眠。睡眠時間被拆得七零八落，精神狀態就變得委靡許多。還好，有學

弟妹自動排班輪流來照顧我，當我痛到在地上打滾的時候，他們會耐心的為我按摩減緩疼痛。怕我餓著了，冰箱裡總是有喝不完的牛奶、吃不完的麵包。

這些可愛的學弟妹，除了打工、上課的時間以外，幾乎每天都來報到，好像忘了他們自己還有一個家。在我醒著的時候，陪我聊天、排遣寂寞；當我小憩片刻，他們就小心翼翼的拖地、洗碗。我常常在想，也曾經問過他們：「我跟妳們完全沒有血緣關係，對妳們而言，我也只不過是個學長而已。但是，為什麼，為什麼妳們願意對我這麼好？我是何德何能，竟能獲此至真、至善又至美的恩澤？」我還記得第一個回答的

蕭建華 分享人生經驗 傳遞愛與勇敢

罹多發性神經病變不氣餒 巡迴142個校園演講呼籲珍惜生命

關嘉慶／台北報導

罹患多發性神經病變的蕭建華拄著杖，已到142個學校做生命巡迴講座，他昨天則是為了讓從小生長的基督教芥菜種會愛心育幼院的孩子們有一個新家，懷著感恩的心參加募款音樂會，呼籲大家將愛傳遞下去。

蕭建華的人生充滿著荊棘與坎坷，從小就被父母送到了新莊愛心育幼院，靠著半工半讀完成了成大中文系的學業，然而就在生命要開始發光發熱，身體卻因為罹患慢性多發性脫髓鞘神經病變，整個人像漸凍人般失去工作能力，身體各機能更是逐步萎縮，一度讓他失去了求生的意志。

但是，蕭建華卻沒有放棄自己，他不願只是等待生命逐漸枯萎，他並發現，吃苦是為了更能體認幸福，而且還看到了柳暗花明處，更學會了堅持到底不放棄的人生

態度。

蕭建華發病的半年裡，人生從雲端跌到谷底，但是，他再度奮起，開始去全省各處的校園裏分享生命經驗，用行動證明了自己存在的價值與意義；他立志要走訪200個學校，至今3年的時間，已有142所學校的學生聽過他的分享。

蕭建華指出，第一次到長榮大學演講，受到學生很大的回響，有好多學生對於他勇敢面對生命，拼命揮灑生命色彩的人生，深受感動，而流下淚來，看到他們更懂得珍惜生命，能夠勇敢面對人生，看到了未來的自己！

蕭建華說，雖然疾病有可能隨時就走掉，但是育幼院給了他生命的力量，讓他更有勇氣去面對生命，使他可以活得不卑不亢；所以當人在面對挫折時，要轉換心境，坦然接受命運，在逆境中，也能獲得想都沒想到的

快樂與滿足，才不會使生命停止；而抱著感恩的心，希望能將此愛傳遞下去。

多發性神經病變患者蕭建華勇敢面對人生，昨日參加育幼院募款音樂會時，呼籲大家將愛傳遞下去。（主辦單位提供）

智勝學妹她說：「一開始，也許只是不捨，不捨讓您獨自承受折磨。但是接下來，看到您堅持到底、永不放棄的毅力與勇氣，就覺得有這個責任，要盡全力幫助您，完成您想做的事情。」

對啊！為什麼我都沒想到「我想做的事情」？在一陣兵荒馬亂之際，我只想到要活下去，但活下去是為了什麼？苟延殘喘還是混吃等死？不，活著就是給我機會繼續完成我想做的事。四肢殘缺沒關係，那只是讓我生活不便而已，並沒有讓我失去思考的能力，我還是可以繼續寫劇本啊！以前最讓我自傲的，就是站上表演舞台，當一個散播快樂的精靈。

心裡打定主意之後，我就開始找同學幫忙。第一個想到的就是成績優異、深為系上老師所讚賞的黃大峻。他一聽到我想再一次站上表演舞台，便積極的與系主任及系會聯繫，同時敦請系上為我發動捐款，解決醫療及生活上的燃眉之急。歷經一個多月的奔走協調，終於敲定在十二月八日舉辦感恩祈福晚會。

我知道這一場晚會演出，可能是我最後一次登台。因此，我特別重新編寫相聲劇本，邀請智勝學妹擔任我的搭檔。那一夜，如雷的掌聲再

度響起，在短短的九十分鐘裡，我徹底擺脫病痛糾纏的陰影，酣暢淋漓的說學逗唱。過去的掌聲其實都是一種虛榮，現在的掌聲才是肯定、滿足。看，有這麼多人和我並肩站在一起，同仇敵愾；聽，有這麼多人給我真切的祝福，同喜、同悲。或許這條路我會走的很辛苦，但是我知道，我並不孤獨。為了不辜負所有愛我的人對我的期待，也為了讓寶貴的生命不留下空白，我要站起來，不僅要站起來，還要快樂地走到最後那個站牌！

病魔啊病魔！也許我擊不倒你，但你也打不贏我，與其鬥得兩敗俱傷，我願意坦然接受你的存在。我知道你會讓我痛苦不堪，但是無所謂，因為那只會讓我更勇敢。

高雄市立餐旅國中

高雄市立前金國中

一百分的人生

　　當我的生命故事被報章媒體披露之後，陸續接到許多學校的老師的熱情邀約，希望我能走進校園，和莘莘學子們分享這個精采的奮鬥歷程。對我而言，這是一次很重要的轉捩點。告別表演舞台，受邀走上講台，讓我有幸能當一根火柴棒，散一點熱、發一點光，為徘徊在十字路口猶豫的人們，照亮人生最美的那個方向。2004年一月，從國立台南高商開始第一場生命故事分享（註一）。萬萬沒想到，在常人眼中一個平凡的我，一個卑微的生命故事，竟然能引起這麼大的迴響。脆弱的身軀

卻有著無比堅毅的靈魂，因為我相信自己存在的價值。有滿腹的心酸卻不見一臉愁容，因為我只想與大家分享追尋快樂的經驗。我不要你們用別人的不幸來安慰自己，但是如果你看到別人的悲苦，能想到自己的幸福，願意用心去珍惜，遇到挫折打擊時，能用積極的態度去面對，而不是逃避放棄。我的凋零能換來你的茁壯，我的生命能在你身上得到延續，天啊，我願意！雖然很不捨大家眼泛淚光，但是如果這是一種感動，是一種反省的力量，讓淚水洗去沾滿塵埃的雙眼，讓你更清楚的看見你要去的那個方向，那麼劃過臉龐的眼淚，就不再是為了追憶傷悲，而是讓你振翅往更多幸福的地方飛。

圓滿的完成第一場演講之後，我更加肯定不悔的堅持，是我最好的選擇。讓我能在歷經無情傷害的時候，終究還是找到了光明的出口。殘缺的生命，也因此發揮了更大的良能。承蒙台南高商陳穎榛老師鼎力的推薦促成，一系列的校園生命教育講座儼然成形。雖然每次出門，我都必須克服環境帶給我的障礙，還有一身難耐的疼痛。但是從學校帶回來觸動心弦的感動，讓我久久不能忘懷，樂此不疲。只是，揪心盤算來日無多，不知道自己還能講多久？在無可預期病況惡化的情況下，有一天我終於忍不住屈膝求天。希望老天爺給我多一點時間、多一點機會，讓我在走到生命終點之前，能完成一百場演講。每演講一場，我就為自己

的人生加一分，演講完一百場，我的人生就算滿分了。做完這一生最後的功課，我便可以無怨、無愧，帶著微笑走下這個人生舞台。

2005年十月下旬，我如願完成了預定的目標：一百場演講！那種喜悅、滿足的心情，就像擊出逆轉戰局的全壘打，就像攀上珠穆朗瑪峰。天啊，我真的做到了！

「還想做些什麼呢？」有人這麼問我。

「應該讓我好好的休息吧！」嗯，我真的累了耶。有了歸隱山林的

大仁科技大學

念頭之後，我隨即著手準備賣掉小公寓，想在南投縣信義鄉另覓一處棲身之所。因為那兒空氣好，沒有都市的喧鬧，離養母長眠之地又近在咫尺，我想在這裡安安靜靜地等待生命結束。如今，我已經做好了一切的準備，等著老天爺隨時帶我走。這一生能走到這裡，我已別無所求。感謝天，讓我做完了我的功課；感謝天，把最美跟最好的，都為我留到生命的最後。

※註一：歷次講座中皆口誤第一場演講為長榮大學，經黃大峻老師查證，第一場演講確實是在國立台南高商，長榮大學是第二場演講。

人生至此，
天道寧論

我不殺伯仁，伯仁卻因我而死

沒想到事隔不到一個月，就在2005年十一月二十日凌晨，我的房子竟然因為電線走火，發生了一場嚴重的火災，所有的東西皆付之一炬，燒得一乾二淨，幾乎什麼都不留。不僅如此，更延燒波及到樓上、樓下的住戶，還有大樓兩部電梯因此受損。

我記得好清楚，那一天我拼命的哭，從有眼淚哭到沒眼淚，從有聲音哭到沒聲音。但你以為我哭是因為燒掉的房子嗎？是捨不得財物的損失嗎？不！我哭是因為在那場猛烈的火災中，有一位從我罹病開始，即自告奮勇、自願協助照顧我生活起居的學妹黃智勝，因走避不及，吸入過多濃煙，緊急送往奇美醫院搶救了一個半小時之後，仍然宣告不治。

陪著她在急診室的那九十分鐘，就像一整個世紀那麼漫長，每一分每一秒都攸關存亡。看著醫護人員盡職地進行該有的急救步驟，但我仍嫌不夠。巴不得我就是醫聖華陀，但，我終究不是。眼看著死神就在病床邊冷笑，我卻束手無策。

「小勝，妳要加油！小勝，妳一定要加油……」我希望她能聽見我

的聲音，知道有人殷切地期盼她甦醒過來。我問天，用無助的淚眼問蒼天，我應該怎麼做，才能換來奇蹟出現？過去無論遭遇到什麼樣的衝擊，我不曾求老天爺賞我一個奇蹟。甚至年初在學弟妹為我辦的慶生會上，吹熄蠟燭之後，我並沒有為我的病向祂懇求奇蹟，只許了「祈願大家平安、健康」這個心願而已。老天爺欠我一次奇蹟，這是該我的。如

智勝學妹

果要我此後真心的臣服於老天爺，證明老天爺真的是善惡分明，就請老天爺把這個奇蹟降臨在小勝身上，因為此刻她比我更需要。

「不要帶走她，不要帶走她……」這一句話在我心裡不知翻滾了千次、萬次。但就在一個半小時後，我親眼看到醫生將白色的床單，蓋過小勝清秀的臉龐，我知道，任憑我卑躬屈膝、聲嘶力竭，不斷苦苦地哀求，老天爺已然是視而不見、聽而不聞，小勝還是走了！一條無辜、善良的生命因我而犧牲，那種伯仁因我而死的自責、悲痛，在那一刻，我全然崩潰了。

這個世界亂了，沒了秩序、善惡不分；沒了天理、賞罰不明。為什麼？為什麼會這樣？房子燒了沒關係，我還能投靠好友；東西燒了沒關係，反正以後我也帶不走。但是千不該、萬不該，就是不該帶學妹離開。以為演講完了一百場，對自己、對所有愛我的人，就算有了個交代；以為演講完了一百場，老天爺就會放我一馬，讓我安詳地走到終點站。殘餘的生命能發熱、發光，我總覺得那是我應該做的事，所以，從來不敢奢望當我傾力完成一百場演講之後，老天爺會給我什麼獎賞做為回饋。但我掏心掏肺地在每一場講座中，告訴大家要跟我一樣感恩天、不可以抱怨，不給獎賞也就罷了，怎忍無端牽連一條寶貴的生命？在

一次又一次的磨難中，我總不忘苦中作樂地笑給天看，天不領情也就算了，又何苦殘酷地在傷口上灑鹽？你說，叫我怎麼不怨？你說，叫我如何不恨？

浴火重生從零開始

　　我被緊急安置在一家小旅館，蜷縮在被窩裡，不停的顫抖、啜泣。我不想再跨出房門一步，不想再看見窗外的藍天。因為經歷這一場惡火之後，我已經不知道該用什麼樣的心情，去面對我教大家要感恩的「天」。

　　我不懂！不懂老天爺為何執意將我推向悲苦的淵藪，去承受更多的痛苦與折磨？還不夠嗎？都已經這樣了，還不夠嗎？我試著假裝這一切只是一個噩夢，想騙自己房子還在、小勝沒有離開，想像這一切都不曾發生過。但心頭滴著血、眼角滲著淚，我無法拒絕如排山倒海而來的痛，只能眼睜睜看著脆弱的靈魂，被無情的鞭打。學妹走了，我的家不見了，所有的東西都沒了。

拉上窗簾、關上房門，把自己囚禁在這個六坪不到的小房間。管它外面是白天或黑夜，任憑再多的淒風苦雨、愁雲慘霧，我都無所謂了。

火災後的第三天，慈濟的師姐送來幾套乾淨的衣服，讓我換掉被濃煙燻黑的舊衣。

「上個月訪視你的時候，都還好好的，怎麼現在會這樣？」慈濟師姐不敢置信的說。

「為什麼？這是天作孽，不要問我！」聽得出我對天的怨懟與仇恨。

「唉，誰希望自己的家遭逢火災？誰希望親人在眼前與自己天人永隔？誰都不想遇到這樣不幸的事……」師姐嘆聲氣，接著說。「但，不幸如果真的發生了，就算你哭啞了嗓子、流盡了眼淚、傷透了心，這樣能改變不幸的事實嗎？眼看著你這樣意志消沉，最難過的是身邊愛你的人。一定還有什麼事等著你去做，否則老天爺不會留你活下來。學妹的往生，固然令人萬般不捨。但是我相信她在天之靈，也不願意看你這樣啊！如果你認為學妹是因你而犧牲的，那你更應該為學妹振作起來，延續她的慧命而不是蹧蹋自己的生命。過去，你為了創造自己生命的價

值，巡迴校園演講了一百場，鼓勵很多人珍惜、熱愛生命，那很好也很有意義。今天，你應該審慎的思考一番，學妹的這一條命，值不值得你為她繼續再講一百場？如果你願意，那麼學妹的精神將因你的奮起而浴火重生、永垂不朽。」

這一番話，的確說進了我的心坎裡。在師姐離去之後，我一直反覆思考著她們留下的問題。是啊，我嗓子哭啞了、眼淚流乾了、心也碎了，但是小勝沒有回來。看著我憔悴的憂容，害得學弟妹們也跟著愁眉深鎖，那是何等不該。我起身拉開窗簾，讓陽光照射進來。一樣熱鬧的街景，一樣熙攘的人群。地球並不會因為任何人的不幸而停止轉動，而我卻只顧著盲目的憎恨，這是我存在的意義嗎？這是我殘餘的價值嗎？

回到事發現場，環顧四周一片殘破淒涼的景象，試圖在這個讓我歸零的廢墟中，努力撿拾已化為灰燼的記憶，找到重新出發的勇氣。在哪裡跌倒，就要在哪裡站起。或許失去是悲痛的藉口，但在谷底的我，已經不用擔心會再失去什麼了。從零開始，就是最好的出發，最糟的情況已經過去，從這一刻起，未來只有更好的可能。歸零，不是失去一切，而是擁有一切的開始。

高雄市立國昌國中

再苦，都要笑給
愛你的人看

走向柳暗花明那一村

　　逝者已矣，來者可追。爲了不讓學妹白白犧牲，肩負著延續學妹慧
命的重任，我又開始走進校園，繼續分享我在逆境中成長的故事，傳遞
那一份對生命的堅持與熱愛。希望將這顆小種子，種在每一個人心中，
然後慢慢的茁壯起來，以後無論遇到任何的挫折、考驗，在那當下如果
能選擇勇敢的面對、克服，而不是逃避、放棄，我想這就達到了我所預
期的目的了。

高雄市立陽明國小

我卑微的一條命，若能換回另一條寶貴的生命，讓人們懂得知足惜福，那我這一生就夠本了耶。如果還有更多的人，能因為我毫無保留的分享，而願意在風雨飄搖中，堅持守候希望的燭光，那麼我還有什麼好怨的呢？

　　經常在報章看到有些人一時想不開，用自殺來結束生命，這些原本可以避免的悲劇，在在都令我感到十分惋惜。如果可以，我多麼希望這些被無端捨棄的生命，能夠恩賜給我，讓我有更多的時間，做更多有意義的事情。可惜，生命無法相互贈與，因為每一個人的生命，只能歸屬於自己，只能掌握在自己手裡。儘管沒有人能長命百歲，卻可以透過另一種方式延續下去，那就是一種無形的力量。很多想輕生的人以為結束自己的生命，就是終結了痛苦。其實不然，你只是很自私的將痛苦留給愛你的人去承擔，這是一種很愚昧、很不負責任的行為。看看我，看看跌落谷底的我，在走到山窮水盡時，還能拼著一口氣、使出最後一點力，踏平滿地的荊棘，走向柳暗花明的那一村。我可以，為什麼你不可以？

　　能有多少人因為我的故事受到激勵，我不知道。我只知道如果我放棄了這樣的機會，生命的最後一頁，除了留下空白，就什麼都沒有了！

透過一場又一場的講座，讓我有幸能帶著自己的生命故事，撫慰、激勵那些已經幾近枯涸麻木的心靈。再度站上講台，體力已大不如前。有著跟時間賽跑的壓力，但沒有絲毫的畏懼。因為我每天都會習慣性的在心裡給自己一些鼓勵：「距離完成第二個一百場演講，又近一步了。讓大家因為我的幽默而開懷大笑，讓大家因為我的勇敢學會堅強，讓大家因為我的知足學會惜福，讓大家因為我的堅持看到希望。」在入睡前，我看著密密麻麻的講座行程表，心想：「這麼有意義的事，捨我其誰？」

一種百場魔咒的陰影

在第二個一百場演講進行的過程中，我得到比以往更多的奧援。除了學校老師相互的推薦，更有許多學生家長以及愛心媽媽加入協助策畫。這讓我的講座計畫如脫韁野馬般，在短短數個月內即累積相當可觀的場次。而且一舉突破地域的限制，從台中到新竹，甚至最遠到過台北的淡水。這是以前我只敢偷偷想的事，如今一一實現了。

我真的感到好幸福，無論是從罹病之後到完成第一個一百場演講，

或是從發生火災到現在，一直都有愛我的人，無怨無悔地守候在我身旁，給我最大的支持、最多的鼓勵。學校的老師、我的同學、學弟妹、女友小鈴、慈善社團人士、學生家長、愛心媽媽……，是他們為我撐起這一片遼闊的天空，讓我能自在的翱翔。我哭，他們跟著傷心掉眼淚；我笑，他們則是開心得不得了。過去，我總認為「再苦，都要笑給天看」，就是對天最善意的回應。但是後來我發現，老天爺似乎不怎麼領情。一想到守候在我身邊的人，他們最在乎的是我的笑容。於是，從今天起我不再笑給天看了，因為「再苦，我都要笑給愛我的人看」。

眼看著一百八十場、一百九十場演講都將陸續達成，這時候，我非但沒有預期中的喜悅，還意外多了一種近鄉情怯。因為我想起一年多前的那場火災，是發生在第一個百場演講達成之後。

如今，第二個一百場演講即將完成，我不敢想像，這會不會是一種百場魔咒？會不會再出現什麼意外、發生什麼遺憾事？寧可永遠不能達成兩百場，也不要再有任何一位愛我的人，因此發生不幸，這麼慘痛的代價，我付不起！寧可是給我直接了當的懲罰，不要再連累無辜的人。衝著我來，沒關係，我已經做好了準備，眉頭不會皺一下。這個可怕的魔咒陰影，糾結在一天的開始與結束之間。如果真的會這樣，只要可以

避免百場魔咒的傷害，那麼讓一切的圓滿停留在第一百九十九場演講就好了，只要大家都平安，我願意承受這差一點的遺憾。天啊！苦中作樂的我，擠出一點笑容獻給老天爺，老天爺可以視而不見。風中殘燭的我，虔誠合十的祈禱，老天爺可以聽而不聞。但是，請別讓魔咒重現。

以為遇上了詐騙集團

結果，這一切都是多慮了。2007年五月二十九日，我在國立中興大學完成第一百八十七場演講。隔沒幾天，就接到周大觀文教基金會創辦人周進華先生親自來電告知，將擇期頒予我「全球熱愛生命獎章」。

哈哈哈，有這種事？我第一個聯想到的是詐騙集團。統一發票想中個兩百元的六獎都很難了，這麼光采的事，怎麼輪也輪不到我啦！接下來，他們一定會告訴我依法獎金要扣百分之十五的稅，然後要我先匯錢過去等等諸如此類的騙人把戲，我才不會那麼笨呢！心想，歹徒也真是喪盡天良，竟然膽敢冒用周大觀文教基金會的名義行騙。等我搞清楚狀況之後，看我怎麼修理這一群騙徒。

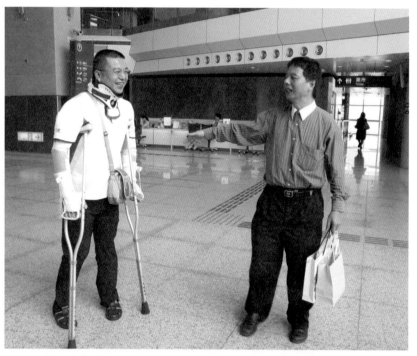

漸凍英雄蕭建華、周大觀文教基金會創辦人周進華會師高鐵新竹站展開全台演講走透透系列公益活動。

　　哈哈哈，是我想太多了。經過周爸爸耐心詳實的說明來龍去脈之後，我確定這是真的！隨即開始瘋狂拿起電話，迫不及待的要跟師長、同學、朋友分享這個好消息。能獲此殊榮，讓我更明白了堅持不悔是對的，努力活著是對的，選擇快樂是對的，這一個獎章的肯定，證明了所

有的付出都是值得的。不管生命的起源是如何的無奈，也不管它的過程是如何的不堪，今天這個結果，我想就是最好的。我可以不斷的欺騙自己——也許有一天，我真的會遇到奇蹟，讓我的病好起來。但是我不能欺騙自己——回首每一天，不是計較失去或擁有，而是我為生命奉獻了多少？我能留下些什麼？

生命或許充滿許多無法抗拒的無奈，但人生卻能因為用心經營而變得無比精彩。人們常說凡走過必留下痕跡。我認為，光走過是不夠的，還要用心的走。用心為廣大的蒼生走，用心為我們所愛的人走。只是很慚愧，過去我只自私的想到自己，虛度了三十餘年。還好，一切為時不晚。在這時候我得到如此寶貴的機會，以實際的行動活出存在的價值，發揮一點影響力來鼓勵更多人，生命也許不如預期的美好，但希望卻無處不在。

搖搖晃晃的每一步都很辛苦，但在我走過的每一處，滴下的汗水叫「快樂」，留下的足跡叫「幸福」。循著幸福的足跡繼續向前走，你將會超越我，然後在這條路上，留下屬於你自己的腳印。

還有一口氣就要繼續講下去

2007年六月十二日，這是值得永遠懷念的一天，因為我終於在高雄市立福山國中圓滿完成了第兩百場演講。有刻苦走過艱辛的驕傲、有對眾人支持的感謝，有鼓勵與肯定的掌聲、有激昂與不捨的淚水。特別是在致達成感言時，我不時的仰頭望天。

老天爺啊，看見了嗎？這個被老天爺遺忘的小天使，長大了！老天爺看見了嗎？這隻浴火鳳凰，重生了！我不恨老天爺，我不怨老天爺，不管祂是有意還是無心撕裂了我人生的藍圖，但謝謝老天爺給我的千錘百鍊，否則今天不會是這般生氣盎然的畫面。以前，因為我不懂，所以一直很好奇的想知道，為什麼老天爺對我那麼地冷酷、無情？現在，應該是老天爺感到納悶了吧！為什麼老天爺會創造出這樣的我？就像在拳

漸凍英雄蕭建華
完成第兩百場演
講實況。

擊場上，那個不認輸的拳手一樣，打落牙齒和血吞，打斷手骨顛倒勇。或許我真的無力回擊，但是當我血肉模糊的趴在地上時，我依然不斷地鼓勵自己，站起來的次數永遠要比被擊倒多一次。只要我不舉白旗投降，又能對我怎樣？只要我願意奮戰到底，下一回合先放棄的，也許就是無所不能的祂。

我想有很多人都不知道自己有一種與天俱來的本能，那就是自我療傷。考試考不好的時候、感情受創的時候、股票套牢的時候、被朋友欺騙的時候、被別人誤會的時候、以為一無所有的時候……。

回想一下，這些時候你都在做什麼？除了躲在角落哭、窩在房裡

漸凍英雄蕭建華與法鼓山生命體驗營小菩薩們分享生命。

生悶氣，你還會做什麼？你會擦乾眼淚，然後思索個好幾天。接下來你會不斷地提醒自己，以後一定要更努力、更小心，不要再重蹈覆轍。你為自己設下了停損點，將傷害減至最低，也保留了一些實力，期待乘勢再起。為什麼你沒有被擊倒？因為你有自我療傷的本能！以前當我在面對挫折時，總會羨慕有些人的一帆風順。但一帆風順不是一件好事，因為那會讓我逐漸失去自我療傷的本能，失去艱苦卓絕的毅力，永遠學不會如何跌倒了再爬起！

　　一個滿臉痘花的人自信又開心的笑著，另一個天生麗質的人，卻只為了一顆青春痘哭得死去活來。你說，是誰比較幸福呢？時至今日，終於懂得了「吃苦就是吃補」的道理。所以，對天我依然感恩，感恩祂沒讓我養尊處優，在歷經無情的淬鍊之後，讓我看見了希望。感恩祂沒讓我一帆風順，在得失之間，讓我學會了勇敢。感恩祂給我這麼多機會學習成長，在來去之間，能昂然的挺立在當下。

　　「恭喜你完成了兩百場演講，接下來的計畫是……」有記者好奇的問我。

　　坦白說，我並沒有什麼計畫，因為我的計畫老是跟不上老天爺的變

化。但是，我堅定不移的就是這個人生方向。勇敢對抗癌症病魔的周大觀，在他的詩集中寫著：「我還有一隻腳，我要站在地球上。……我要走遍美麗的世界。」

十歲的他，還來不及長大，就已經承受了多於我百倍、千倍的苦難折磨。十歲的他，有天眞童稚，也有別於同齡孩子的成熟、懂事，更有許多大人所沒有的樂觀、豁達。這一句詩裡的話，讓人動容，令人心酸，叫人不捨。但是，周大觀並沒有走遠，他的精神不知感動、激勵了多少人？如果周大觀可以，爲什麼你不可以？爲什麼我不可以？不怕了，我再也不怕了，即使要我一生都在幽谷裡打滾，我都不怕。因爲我願意相信，沒有不停的風，沒有不歇的雨，等風雨過去，第一個看到彩虹的人，就是我！

「我還有一口氣，我就要快樂的呼吸；我還有一口氣，就要繼續講下去！」

在生命的幽谷，
看見人生的幸福

分享心靈饗宴，收藏許多感動

在每一場講座結束之前，我都會預留一些時間，讓大家跟我一起分享心得。「要給我更多的祝福，就不可以哭。」儘管我在事先會叮嚀大家，一定要抱持著快樂的心情來分享。但是這樣的呼籲，似乎沒有什麼作用。每個站在我身邊的人，幾乎都哭成淚人兒。哽咽著訴說自己不知足的魯鈍、不惜福的愚昧；激動的要我加油、給我祝福。

其實，要反覆細訴這一生不堪的過往，很不容易。因為每一次都像在掀起結痂的傷疤，讓大家檢視傷口。撥動感傷的心弦，隨著淒涼的旋律，打著哀慟的拍子。一些原本即將淡忘的心酸往事，如今卻不得不牢牢記在心裡。但是，為什麼我還是選擇毫無保留的跟大家分享我在人生路上所看過的風景？因為我相信我的凋零，一定能換來你們的茁壯。在枯萎之前，我一定要盡一切所能的綻放最鮮艷的色彩。茫茫人海中，你不知與多少人擦肩而過，但我卻有幸能坐在你面前。層層迷霧中，你不知錯過了多少次日出與日落，而我卻有幸能為你演出人生的美麗與哀愁。如果說一切的不幸都是老天爺的安排，那這奇妙的緣分又何嘗不是呢？

我們都坐在同一列車上，手中握著的單程車票，只註記著上車的那一天和那一站。至於什麼時候下車？在哪一站下車？沒有人知道！只知道列車靠站時，列車長會熱烈歡迎新旅客上來，也會通知該下車的人起身離開。

有時候我們會不解：「這個討人歡喜的天使才上車不久，怎麼那麼快就下車了？」有時候我們也會納悶：「那個叫人討厭的魔鬼已經坐很久了，怎麼還不快點下車？」其實，認真想一想，如果沒有那個邪惡的魔鬼，我們就不會看到善良的天使。如果沒有日落的淒美，怎麼會有日

法鼓山生命體驗營小菩薩們聽到漸凍英雄蕭建華的故事，非常感動並互相擁抱、珍重再見！

出的驚艷？如果沒有失去的傷痛，怎麼會有得到的喜悅？對了，這世上每一件事都有它的兩個層面，有黑有白、有歡笑有悲哀；有遠有近、有懷疑有相信；有大有小、有開朗有苦惱；有正有邪、有是有非……，無一不是如此。也許你在我身上看到的是無盡的磨難，但褪去那個假象之後，其實那是快樂的披肩。

也許你會很羨慕別人的財富與權勢，但撥開那個糖衣之後，你會發現其實那是腐蝕心靈的毒藥。

不完美的一生，就像一首七零八落的協奏曲，不好看也不好聽。但是我要謝謝那些聞聲落淚的人們，我知道你們流下的眼淚，是一種對生命的感動，而不是對人生的哀傷。知道嗎？我很努力撐開那顆柔軟的心，要好好收藏你們回饋給我的祝福與感動。站在黑暗的地方，我很高興大家能和我一樣，選擇面對光明的那個方向。因為那是一股無形的力量，幫助我越險山、涉惡水，一直到我該下車的那一站。

「嘿，別顧著低著頭嘆息，看看車窗外的風景，每一幕都叫人好感動，錯過就可惜了。」下車前，這是最殷切的叮嚀。

無常是最公平的安排

　　「無常」它無處不在，也無時不發生。在遇到不幸的意外時，大家最深的感嘆就是無常。明明昨天還好好的，怎麼今天就變了樣？上一刻是這樣，下一秒無常就打亂了一切！你可以拒絕不想吃的食物，但是你不能拒絕無常。你可以不買沒有打折的商品，但是無常不但沒有半點折扣，你還非買單不可。更糟糕的是，它不像麻疹一樣能產生抗體，不是一輩子就那麼一次而已。只要你還活著，它就如影隨形的跟在你背後，不知道什麼時候會跳出來讓你恐懼、讓你痛哭。

　　如果我說無常是我的好朋友，你大概會以為我瘋了吧？的確，人人都欲除之而後快的夢魘，我還把它當朋友？其實，無常不是大家所想的那般

漸凍英雄蕭建華與周大觀文教基金會創辦人周進華穿梭大街小巷。

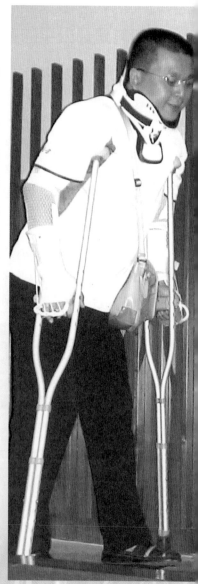

惡劣，只是大家先入為主的觀念所使然。

　　用功讀書考上第一志願時，哇，你好棒！可知有人比你更努力，卻名落孫山？拼命工作換得升遷，哇，你真行！可知有人比你更辛苦，卻面臨資遣？幸運就該你，不幸就該別人嗎？你也希望大家一起考上第一志願，大家一起升官發財，是吧？第一志願只有一所學校，容不下幾十萬個學生，也不是每個人都能當主管，這也不能怪你啊！考上第一志願時，親友、賀客盈門；加官晉祿時，下人諂媚奉承。有誰怪你了嗎？沒有人苛責你耶！因為無常的兩面就是幸與不幸。而人們卻只看到了一半，做好了迎接幸運的準備，卻沒有面對不幸的打算。所以，遇到好事直呼爽快，巴不得接二連三，好運不斷。只是，自人類有歷史以來，沒有人能擁有所有的幸運，也沒有人是無止的不幸，所以你也

漸凍英雄蕭建華艱難的步下講台。

不例外。

其實老天爺對每一個人都很公平，無常並不是被用在彰顯祂的天威難測，而是讓我們更謙卑的學會尊重宇宙萬物，學會珍惜與善用。要怨，我的苦水可是一大堆。只是，何必讓吐出來的苦水傷心、傷胃？倒不如用交朋友的心情去認識無常，瞭解它、接受它。你將會發現，它真的可以是一個幫你看清自己的好朋友。

對你好，是老天爺公平對待；對你不好，不是老天爺徇私報復。不管你認為是好的或是不好的，請相信我，老天爺不會給你沒有用的。上至王公貴族，下至販夫走卒，有誰不是福禍旦夕，好壞不定呢？請相信我，無常就是最好、最公平的安排。

改變心境用微笑的眼睛看人生

下雨了。在整裝出門前，在上班的途中，在遊興高昂的當下，在烤肉炭火正旺的時候，在……很多時候，我們都不喜歡下雨。一場驟雨，

讓人措手不及；綿綿細雨，讓人深鎖愁眉；傾盆大雨，讓人憂心忡忡。只是「天要下雨，娘要嫁人」，由不得我啊！常常就因為一場雨，延宕了原先預定的行程，讓人的心情大受影響。這時候開始抱怨了，老天爺真是不會選時間，管它大雨、小雨，不是我所預期的都是「壞雨」。

只是天知道你什麼時候上班？天知道你什麼時候烤肉？我告訴你，天只知道在對的時候下雨。一場驟雨，為酷熱的大地降溫；綿綿細雨，是滋養萬物的甘霖；傾盆大雨，是為了蓄積豐沛的水資源。你只顧著自己的感受，卻忘了其他人的需求。可知你所憎恨的這一場雨，是多少辛苦農民殷切的期盼？是多少花草樹木無聲的渴望。別再抱怨了，老天爺就是會選時間，管它大雨、小雨，只要是有人需要的都是「好雨」。

同樣一陣雨，用不同的角度去領略，就會有不一樣的結果。就拿一年多前，發生在我身上的那場火災來說吧，當房子、財物都付之一炬時，我從失去的這一面看過去，這是一種極端殘酷的剝奪，將我推向瀕臨滅亡的絕境。但是，用不同的角度，從另一面看這場火災，才發現老天爺真是替我設想周到。祂知道沉重的房屋貸款就快壓垮我了；祂知道管理費、電話費、瓦斯、水電費，也是一筆不小的開銷。大概是不忍見我咬牙苦撐吧！所以才用這種方式，痛快的解決了我的煩惱。說是苦中

漸凍英雄蕭建華「用愛圓一個夢—為基督教芥菜會愛心育幼院新房子催生」。

作樂也好，說是強顏歡笑也罷，只是，我沒有唬弄大家，因為那些困擾真的都不在了。

　　不幸已經發生，我不能改變它。付出慘烈的代價，我要不回它。如果能力許可，我當然希望盡一切可能來改變環境，但當它已成事實，我只能再盡一切可能來改變自己的心境。後來我發現，改變心境比改變環境更容易。本以為自己深陷谷底，但倒過來用微笑的眼睛看世界，其實自己仍在巔峰。不是路已走到盡頭，而是在提醒你：該轉彎了。這一生可以是沉重無比，但也可以是雲淡風輕。讓心轉個彎，幫助自己遠離悲

苦，也更接近幸福。

快樂的形狀與幸福的味道

快樂是什麼樣子？幸福有什麼味道？如果你在四年前問我這個問題，我心情好的話會給你一根軟釘子，心情不好的話，就會給你一鼻子灰。那麼抽象的東西，言語都很難表達了，還讓我畫給你看？

你辛苦的打拼了一輩子，為什麼？圖什麼？我想應該就是幸福和快樂吧！但那究竟是什麼呢？

「是優異的成績吧？」有人這麼說。但優異的成績並不代表你一定會有成就，就算你有所成就也不能代表你的人生就是成功。

「是住豪宅、嚐珍饈吧？」有人這麼說。但你只需七尺安身，豪宅於你何用？一天飽食不過三餐，珍饈於你何益？

「是賺很多很多錢吧？」有人這麼說。但多少才算夠多呢？十億？

百億？就算給你千億，將來兩眼一翻，什麼都帶不走。

「是美麗的容顏吧？」有人這麼說。但放眼五千年來，有誰能青春永駐？西施、潘安都成了歷史人物，你又如何能例外？

父母都希望自己的孩子能成為人中龍鳳，在一種補償心態的投射下，孩子被迫接受大量的教育學習。只是，每個孩子的資質天生就有差異，一股腦兒的要他們全盤吸收，恐怕是開倒車的作法，不但沒能加強他的弱項，反而連帶影響到他原本的學習興趣。最重要的是，你剝奪了

漸凍英雄蕭建華演講後與聽者互相祝福。

他們快樂學習的權利。

　　與其一味地的要求他們考出好成績，不如先幫助他們建立正確的人生觀。懂得尊重別人的生命，熱愛自己的生命，培養一顆柔軟的心。學會勇於承擔責任，不畏懼失敗，鍛鍊出鋼鐵般的意志。畢業於名校，也不一定就能有一番成就。就算有所成就，甚至攀上金字塔頂端，若不知潔身自愛，導致身敗名裂，一生即毀於一旦。為人父母最重要的責任是陪伴、輔導與鼓勵，要知道能幫助他成功的是正確的志向與高尚的節操，不全然是你所要求的成績而已。

　　金錢、權勢都是生不帶來、死不帶去的身外之物。若能妥善的運用財富、權勢，確實能造福包括自己在內的許多人。但是很可惜，目前普遍存在偏差的價值觀與低落的道德感，導致人們盲目的追求物慾享受，淪為被驅使的奴隸。為了一夕致富，終日攻於心機、窮於算計，無所不用其極。一個心胸狹隘的人，縱然日進斗金、

漸凍英雄蕭建華難得與知心伴侶薛慧鈴的父親、周大觀文教基金會創辦人周進華合影。

富甲一方，但財富不等於成功。相較之下，反倒是克勤克儉的升斗小民，儘管薪資微薄，但一分一毫皆源自心安理得。

豪宅、珍饈不過是短暫的物質享受罷了，數百坪大的屋子，佈置得碧麗堂皇，但是如果少了溫暖、少了關懷、少了家人共同用心的經營，那麼再大的房子，也只是一個虛有其表的空殼。晚上想好好的睡一覺，不必辛苦的滾遍每一個角落，因為讓你安身，只需七尺就已足夠。所以家的價值不在於它的大小，而是對它歸屬與認同的多少。美食是一種口慾的滿足而已，再多的山珍海味，一天飽食也不過三餐。吃得再好，通過大小腸、抵達直腸之後，沖進馬桶裡的，都是一樣的東西。所以珍饈的意義不在於珍貴的食材或是出自名廚之手，而是家人能聚在一起，共享自己烹煮的每一道菜。

常常羨慕別人俊美的容顏嗎？省省吧！沒有人能拒絕歲月的洗禮，年華終究會慢慢老去。如果你在交朋友的時候，希望交到知心的夥伴，就別那麼庸俗的用外貌來評斷。真正穩固的情誼，是建立在用心搭起的橋樑。或許你會因為美麗的外表而大受歡迎，但終有一天，人們也會因為你年華老去而離開你。如果你必須依賴姣好的外貌才能找到自信，那好可惜喔，因為你放棄了人生的二分之一。

真正的自信應該來自內心對自己的肯定，這種自我的肯定，不會因為青春的逝去，而有所動搖。柔軟的心能包容萬物，知恥的心能恪守本分，善良的心能捨己為人，勇敢的心能堅毅果決，真誠的心能無怨無悔。是你的心決定了你所創造的價值，不是容貌！

有一天，當你發現你的孩子自動自發的在讀書、寫功課時，請記住他握筆寫字的樣子，那就是快樂的形狀。撲鼻而來的陣陣書香，就是幸福的味道。

有一天，當你的老公筋疲力盡的結束工作回到家，躺在沙發上看著薪資明細單時，請記住他嘴角上揚的那個樣子，那就是快樂的形狀。那瀰漫滿屋子的汗臭，就是幸福的味道。

有一天，當你飢腸轆轆的坐在餐桌旁，喝下一碗又一碗的地瓜稀飯時，請記住你狼吞虎嚥的那個樣子，那就是快樂的形狀。稍晚你在被窩裡放的那個屁，就是幸福的味道。

有一天，當阿嬤牽著你的手走進廟裡，想為你的前途點香祈福時，請記住她虔誠合十的樣子，那就是快樂的形狀。裊裊的三炷清香，就是幸福的味道。

你會心的笑了，旁邊一定有人為你記住現在的樣子。嗯，快樂很簡單，幸福很容易，懂了吧？

那你還愣著幹嘛？去勾勒你夢想中快樂的形狀，找尋屬於你幸福的味道吧！

最美、最好，一直到最後

不知道有沒有眼尖的讀者發現，從一開始到現在，我都還沒談到關於愛情的那個區塊。我跟大多數人一樣，都曾經歷過青澀的歲月。用年少輕狂來掩飾自己遊戲人間。用靈魂不安定來狡辯用情不專一。聚散離合的悲歡，一幕又一幕的重演。愛情當然是生命的一部分，只是我刻意這樣安排，那是為了呼應我先前對天的感恩，感謝祂把最美跟最好的，一直留到我生命的最後。

1998年二月，當時是我大一下學期，因為工作之便認識了小鈴。第一眼看到她，只覺得她好高駣、好清瘦喔，不知道這算不算是一見鍾

情？從閒聊中得知她也愛看棒球，所以我們第一次約會，就是在台南市立棒球場，爲我們共同支持的球隊——統一獅加油。說是爲球隊加油，其實是希望讓戀情加溫。由於當時我還在半工半讀的求學階段，兩人相聚的機會少得可憐。只能在每天晚上下課後，用電話來談情說愛。當戀情逐漸進入狀況之後，有些我明知但又不想面對的問題，也跟著慢慢的浮上檯面了。

漸凍英雄蕭建華與知心伴侶薛慧鈴。

論年紀：她才剛滿二十歲，我已經三十二了耶！相差十二歲，會不會太那個什麼了點？她的爸媽應該會有意見吧？論長相：她有如閉花羞月，我卻神似鬼王鍾馗。論家世：她父母健在，姐弟妹相處和樂，家境小康。我沒有父母，形單影隻，經濟狀況僅能勉強糊口。論遠景：她學有專精，工作穩定，未來可期。我還有四年才唸完大學，畢業後還不知工作能否穩定，未來一片茫然。沒想到，這麼多棘手的問題，我們很快就解決了。因為她說：「你年紀大一點沒關係，以後不管我是不是無理取鬧，你都要讓我。你長得不帥沒關係，因為這樣比較安全。你沒有父母沒關係，這樣我就不用擔心婆媳問題。你沒有雄厚的財力沒關係，至少你還能養活自己。你的未來我一點也不擔心，因為一個刻苦勤儉、奮發上進的人，一定會為成功找方法。」

就這樣我們的感情穩定下來了，兩人也在交往的過程中，為將來規畫出一幅瑰麗的藍圖。在大學畢業前，也約定了要在次年九月完成終身大事。2002年六月完成大學學業後，總認為一切的苦難終於結束，所有的美好就要展開。沒想到一場突如其來的重疾，改變了我和她的一生。

她陪著我走遍大小醫院，為了探求病因以及尋求治癒之道。在台南市立醫院頸椎開刀的那一天，她在開刀房外等了四小時，在恢復室又等

了兩個小時，回到病房又看著我昏睡一個多小時。她說：「只想看到你平安的甦醒過來，再多的等待都值得了！」住院期間，她盡可能的安排休假，擔任我全職的看護。就算沒排休，下班後她也會趕到醫院來，陪著我度過漫漫長夜。看我耐不住削骨之痛，時而呻吟，時而狂囂，我看到她無助的淚水悄悄滑落。出院後的復健不如預期，知道我白挨了一刀，她比我更生氣，恨醫生草菅人命。隔沒幾天，我又住進成大醫院，經歷一番痛苦、冗長、繁瑣的檢查之後，終於得知自己罹患了一種怪病。這對她而言，又是一次晴天霹靂。

那一陣子，兩個人都很煩。我的煩掛在臉上，她的煩放在心裡。算了，既然沒有藥可以醫，我也不想繼續這樣受折磨了。由於高劑量的類固醇影響，我的脾氣也跟著變得暴躁了。她卻始終抱著一絲希望，耐住性子好言相勸，相信會有奇蹟出現。在病況又見惡化之時，我竟然動了一個念頭，想把她趕出去。不想因為垂死的我而耽誤她的未來，我決定放手，讓她往更多幸福的地方去。但不管我如何冷漠無情的對待她，不管怎樣粗暴的言語相向，她依舊選擇默默的守候在我身邊。

我問她：「為什麼妳不離開？」

「離開了你，我還有家人。但是如果你身邊少了我，只剩下你自己，我不忍心看你孤單的奮鬥下去。」她紅著眼對我說：「不要趕我走，讓我陪著你等奇蹟，就算等不到奇蹟，也要陪你走完最後一天！」

這一番至情至性的話，讓我的淚水決堤，緊緊擁抱著她。一想到她因為相信我能闖出一片天，而願意委身於我，但我卻因一場莫名的大病，傷了她的心。如今她還不肯放棄任何一點希望，我卻自怨自艾，辜負了她的期待。這一場病是不幸，因為它打亂了我跟她的生涯規畫。這一場病是幸，因為它讓我看到了患難中的真情。打亂了規畫，我可以重

漸凍英雄蕭建華與知心伴侶薛慧鈴。

新再來；但是如果我失去了摯愛，一切都將變成空白。我要好好的珍惜自己的生命，用這剩餘的全部來愛她，不用等到別人來羨慕我，我就已經感到萬分慶幸。其實她可以選擇離開，相信任何人都能諒解她的無奈。但是，她依舊無怨無尤的留下來。生病這四年多來，從沒聽她埋怨過什麼，就算我已經失去工作能力了，她還是將我當成甜蜜的負擔。關於愛情，我想她已經做了最完美的詮釋，在最甜蜜的時候一起笑、一起分享，在最艱困的時候一起哭、一起承擔。得此刻骨銘心，這一生夫復何求？

　　小鈴：謝謝妳這一路真心相伴，真的讓我感到幸福無比，千言萬語，也不知該從何說起。我很慚愧自己接受了妳那麼多的愛，卻不能為妳編織未來。過去在那麼多場講座中，鮮少提到妳，因為妳怕大家模糊了焦點，說我才是這場演講的主角。今天我想告訴妳，如果老天爺只准我擁有一樣東西，我會毫不考慮的選擇擁有妳，因為妳是我生命中最重要的女主角。如果有一天我不在了，想我的時候就到海邊來。記住妳想我的樣子，因為那就是快樂的形狀。鹹鹹的海風，就是幸福的味道。我會在另一個世界等妳，等到下輩子，我還要在茫茫人海中找到妳，再續未竟的情緣。

幫我把愛傳出去

　　看完了我的一生，你想到什麼了呢？想到千里之外的親友嗎？想到近在咫尺的家人嗎？想到你的老師、同學了嗎？這些人曾經出現在你生命中，有些或許已經不在了。其實我不是要問這個，我想知道的是：「有一天，你會想起我嗎？」當你唸書唸到心煩的時候，當你感情遇到波折的時候，當你工作遇到瓶頸的時候，當你股票被套牢的時候，當你覺得什麼都不對勁的時候，你會想起我嗎？希望你會！如果我的生命故事真的能讓你感動，希望這是一股幫助你省思，也幫助你成長的力量。在你有生之年，你還能幫我做一件事，那就是在你行有餘力時，能幫我把這份對生命的堅持與熱愛傳出去，幫我圓滿更多人的生命。請你一定要勇敢的承擔這一切，為我快樂的活下去，走我走不完的路，看我看不到的風景，做我做不到的事。希望我沒有白白受苦，希望我沒有白來這一遭。有一天我將會停止呼吸，但是沒關係，因為還有你，還有你會勇敢為我活下去。也許你我將後會無期，但是沒關係，因為還有你，還有你會幫我把愛傳出去。

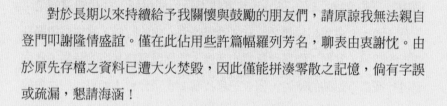

【後記】

　　對於長期以來持續給予我關懷與鼓勵的朋友們，請原諒我無法親自登門叩謝隆情盛誼。僅在此佔用些許篇幅羅列芳名，聊表由衷謝忱。由於原先存檔之資料已遭大火焚毀，因此僅能拼湊零散之記憶，倘有字誤或疏漏，懇請海涵！

周大觀文教基金會創辦人周進華先生/美華姐/金池姐夫/桂香姐/
台新銀行/玉山銀行/基督教芥菜種會/許雪珠阿姨/六張犁無名氏/
謝佩娟小姐/黃英士先生/許素敏女士/黃拓騰先生
國立中興大學謝禮丞教授暨諮輔中心全體/張碧芳教授/
台中地院法官劉振中/理律法律事務所律師涂榆政/張秀品女士
國立成功大學新聞中心/中文系系主任王偉勇教授暨全體師生/
國立成功大學夜中文91級全體同學/
成大醫院神經內科主治醫師林志勝暨六C護理站全體/

台南市立醫院復健科輔具組/成大醫院復健科輔具組/

台南高商陳穎榛老師/台南高工黃大峻老師/

樹咖啡板公惠姐/吳榮森學長/眞耶穌教會呂傳道/郭霓姐/

穎輝學弟/永章學弟/礽娟丫頭/彥婷學妹/

高雄市政府教育局第七科科長張坤祿/警廣高雄臺岳玲姐/

國立中山大學諮輔中心/高雄市立瑞祥高中輔導室全體老師/

高雄市立楠梓國中校長林文展暨輔導室全體老師/

高雄長庚紀念醫院復健科輔具中心治療師張瑞昆/

艾媽媽/麗華媽媽/麗蓮媽媽/慈濟師兄師姐/

秀桃姐/崑期哥/小勝媽媽/古明珠小姐/

　　以及所有我曾經拜訪過的學校、公司、社團，在此一併申謝。感恩大家，謝謝！

　　※本書版權已授予周大觀文教基金會，所有版稅收入將全數投入周大觀文教基金會下設永久性之「蕭建華熱愛生命基金」，藉以全力協助身患重病，但一心向學之青年學子，期使能順利完成學業，並能奉獻所學回饋社會。我一個人的力量非常有限，懇切期盼您能共襄盛舉、合力推廣，賦予這本書更多元的生命力。謝謝！

附錄一

生命無價・人間有愛——
財團法人周大觀文教基金會

　　周大觀文教基金會成立於一九九七年，係由周大觀父母周進華、郭盈蘭以及友人加拿大中文學校校長趙翠慧女士、美國燭光兒癌基金會執行長李伯曼女士、德國血癌協會總裁柏德夫婦、日本兒癌看守會理事主席岩田敬治等國內外各界愛心人士，為完成抗癌小詩人周大觀「熱愛生命、快樂生活」的遺志，提倡：和自己好——熱愛自己的生命、和別人好——尊重別人的生命、和地球好——維護地球的生命。十年多來，以來不及的真誠、最節儉的方式、自立自強的行動，經由訪視、徵選、營隊、講座、活動、交流、諮詢、研討等多元化、全方位的服務，進行全球熱愛生命快樂生活系列公益活動。並特別著重人生快樂生活的宣揚、生命無限可能的鼓勵，包括身心障礙者、癌童、罕見疾病者以及國內外為生命搏鬥者。從本會創辦迄今，參與本會全球熱愛生命快樂生活系列公益活動義工服務人次已逾十九萬九千三百六十七人次。以小而美、小而精的積極企業化、人性化經營模式，結合國內外資源，在愛心與智慧

相激盪中「無中生有」，有效地達成推動全球熱愛生命快樂生活系列公
益活動的任務和目標。

自從那年春天右腳長了腫瘤，
我們就天天去種樹——
在醫院種下健康的樹，
在教堂種下愛心的樹，
在學校種下希望的樹，
某一天，
我們把自己也種成一株樹，
一代一代種下去……
長成一座健康的森林，
長成一座愛的森林，
長成一座希望的森林。
——周大觀的詩「種樹」

壹、播種——無中生有

抗癌小詩人周大觀走了！十歲，正是編織夢想的年齡，縱然走得泰然，但卻短得令人心疼！短得令人不捨！無論如何是談不上立功、立德與立言的，但大觀堅韌的生命、動人的詩句、純潔的心靈，肯定會在大家的關愛中留下不朽的價值。尤其，大觀那清澈的眼神，豈止洞悉病魔對人類肉體的無盡貪婪與考驗，在許多健康的成人和孩子面前，大觀確是一位見證、一個象徵、一段史實，無論生命處於何種情境，活著都該有向死亡拒絕的勇氣，哪怕病魔再冷酷、肉體的折磨再痛楚，「我還有一隻腳」就要勇敢的走下去。但願大觀的出現，讓我們懂得互相關愛、讓我們懂得去親近孩子的天地。

為了關愛更多像大觀一樣的孩子，我們將大觀的儲蓄新台幣四十九萬五千元捐出作為第一筆基金，並將來自國內外購買大觀遺作《我還有一隻腳》（遠流）、《大觀——一位癌症小孩的心聲》（遠流）以及大觀的故事《生命之光——周大觀》（遠流）、《小星星的願望——周大觀的故事》（文經社）等生命四書著作權點滴所得成立了本會，我們真誠的感謝這一路上幫助我們的朋友，以及許許多多不願具名的小市民們！

「大觀仍在」——只因世上充滿愛。

生命的道路，有風有雨。我們成立了「愛爸爸」、「愛媽媽」重病家庭支持團體，送愛到家、送愛到需要的地方。

生命的病魔，笑得曖昧。我們成立了「愛哥哥」、「愛姐姐」重症兒童支持團體，送愛到醫院、送愛到學校。

生命的大觀，打開了一扇太陽窗。我們在小太陽的窗外、詩中、心靈對話與相遇，何必在乎生死的拔河比賽！何必在乎命運的滴答計時！雖然大觀還有一隻腳，仍要永遠站在地球上，何況我們都有兩隻腳！

當您打開大觀的書，當您參加本會活動，您已延續了他的生命……，也延續了您的生命。

貳、生根——往下紮根

生命無常，生、老、病、死。我們永續推動「醫院歡樂成長營系列公益活動」，把音樂、歡笑帶進各地重症病房。

生命成長，終身學習。我們開辦了「生命大學」成長講座，舉辦一系列生命成長與快樂生活課程，提升生活品質，找到安身立命、注入生命智慧、擁抱快樂生活。

生命有愛，生活無礙。我們每年舉辦「熱愛生命藝術大展」，激勵身心障礙人士，以畫筆、樂器、雕刀揮別陰霾，走向希望。

參、發芽——創新再生

生命無限，愛無國界，我們創始，並由德國、美國、日本、香港、韓國、加拿大、巴拿馬等國公益團體代表響應：每年五月二十五日（諧音我愛我）定為「全球熱愛生命日」，提倡：和自己好——熱愛自己的

生命、和別人好——尊重別人的生命、和地球好——維護地球的生命。

生命無價，見賢思齊。我們創辦「全球熱愛生命獎章甄選活動」，公開表揚勇敢、愛心、努力、成就等全球熱愛生命領域有卓越成就或貢獻之機關、團體或個人。

肆、灌溉——持之以恆

生命快樂，一切如意。我們每年舉辦一系列「大手牽小手——重症病童生命之旅」等各項戶外活動，鼓勵重症病童及其家屬走出戶外，擁抱藍天、大海、高山。

生命起飛，萬事OK。我們每年舉辦一系列「讓愛起飛活動」，配合周大觀遺作《我還有一隻腳》等生命四書日文版、港澳版、英文版、法文版、德文版、韓文版、西文版、俄文版等出版發行，將周大觀熱愛生命、尊重生命並實踐快樂生活的故事散佈到世界各地，並關懷各國重症兒童，提升台灣人道關懷，找回人類純真大愛。

伍、綻放——繼往開來

生命樂章，心靈導師。我們舉辦「捐贈二手樂器、再奏希望樂章」，以充實近千所災區及偏遠地區學校音樂教育設備，以音樂教育推廣心靈重建、提倡快樂生活工作；為回應各界熱烈要求，永續推動全民音樂教育與捐贈二手樂器運動，特別成立永久性的「永奏希望樂章——捐贈二手樂器媒合中心」，將陸續推動捐贈二手樂器到落後國家，企盼各界尤其是國際通運業者響應贊助運送。

生命幼苗，人類希望。我們籌備成立「愛童之家」——提供臨床心理諮商、悲傷扶持、遊戲治療、癌症與罕見疾病相關資訊、定期舉辦各項康樂活動或「兒童生命對話」課程，安排重症兒童與健康兒童做生命對話，並設置「愛心套房」使偏遠的重症病童得到更完善的照顧，並為所有重症病童打造一個溫暖的家。

生命文學，千年讚嘆。我們每年舉辦「全球熱愛生命文學創作獎徵選活動」，以提倡熱愛生命精神，並鼓勵大家在勵志文學的無限領域自我實現。

生命醫師，華陀再世。我們每年舉辦「全球華人愛醫師獎學金獎助活動」，獎助醫師從事癌症、罕見疾病等領域研究、發明，進而推動兒童重症專門醫院的建立：以迪斯耐樂園的童話世界作為醫院的造型及設備，寓醫於樂，減低所有孩子就醫的恐懼與排斥，使諮詢、家醫、門診、檢查、治療、護理、開刀、住院、就學、教學研究、安寧照顧等更人性化、兒童化一貫作業完全治療，維護孩子的生命尊嚴。

　　生命互助，民胞物與。為了拯救瀕臨絕種的動物，我們成立永久性的「地球生命研究媒合中心」，我們從保護研究台灣黑熊做起，為維護地球的生命跨出了第一步。

　　由是，本會由播種、生根、發芽、灌溉而綻放，一路走來始終如一──就是愛：在別人的需要中，看到自己的責任，也看到生命的有限和無限，我們不能決定生命的長度，但是我們可以決定生命的豐富；以上是本會的創業過程與心路歷程，因此榮獲第三屆國家公益獎及教育部推展社會教育有功團體獎，願與大家一起分享、共勉、打拼。

附錄二

全球熱愛生命獎章授獎辦法

一、宗旨：為提倡「熱愛生命」之精神，並鼓勵在各自領域有具體作為足以實踐事蹟者。

二、對象：全球各國人士。

三、申請類別：

（1）勇敢事蹟：不畏環境艱難或疾病痛苦，而能呈現其勇氣與毅力足資褒揚者。

（2）愛心事蹟：捨己救人，友愛孝親或其他愛心事蹟，散發人性之光與熱足資褒揚者。

（3）努力事蹟：就其個人資賦，因努力不懈，超越上天賦予之極限，其精神可讓世人學習褒揚者。

（4）成就事蹟：經長期努力，鍥而不捨，終能有所成就而嘉惠社會大

眾者。

四、推薦辦法：各機關社團、學校或個人均得依據本辦法向本基金會推
　　薦候選人。

（1）推薦請使用規定之推薦表，填妥申請類別，具體優良事蹟外並檢
　　　具有關證明資料文件。

（2）請附候選人自傳一篇（可由候選人父母或推薦人代筆，至少三千
　　　字），內容包含候選人之優良德行、傑出成就或奮鬥經過及對周
　　　遭影響與社會貢獻。

（3）請附與候選人優良事蹟之有關照片八張（包括兩吋照片兩張及生
　　　活照六張）。

五、推薦時間：每年三月一日起至六月三十日止。

六、評審：由本基金會銘聘社會公益賢達人士五至七人組成評審委員
　　會，就各地所彙整候選人資料逐一進行初審、派員調查、複審、決
　　審程序評定得獎人選。

七、評審與公佈：預定當年十二月上旬初審、次年一月上旬複審、二月
　　上旬決審，並於三月召開記者會公佈得獎名單。

八、表揚：熱愛生命獎章由本基金會透過大眾傳播及網路向社會介紹表揚，並編印專刊，介紹優異事蹟，其中家境清寒者，給予熱愛生命獎助學金，以茲鼓勵。

九、領獎：當選人將在次年五月二十五日全球熱愛生命日大會中接受頒授獎章與當選證書。

十、啟示：

(一)唐朝・李白詩句：「天生我材必有用，千金散盡還復來。」(將進酒)

(二)民國・周大觀詩句：「我還有一隻腳，我要站在地球上。」、「我還有一隻腳，我要走遍美麗的世界。」《我還有一隻腳》

十一、主辦：財團法人周大觀文教基金會（電話：02-29178770，傳真：02-29178768，地址：231台北縣新店市明德路52號3樓，網址http://www.ta.org.tw，e-mail:ta88@ms17.hinet.net）。

十二、附記：熱愛生命獎章除在推薦期間按規定辦理評審外，如發現有特殊優良事蹟者，本基金會應主動遴選，經評審委員會同意後頒授獎章，以資鼓勵。

全球熱愛生命獎章

主辦：周大觀文教基金會

創作者：築夢英雄—朱魯青博士

雕塑涵義：

一、以層層曲折的結構，象徵『勇氣與毅力』，克服艱難成為生命勇士。

二、以捨己救人，友愛孝親的構圖，將人性的光輝與熱情，散發給人間。

三、以突出的人物造型，代表努力不懈超越上天賦予的極限，作為典範。

四、以互助協調的構成，象徵鍥而不捨終能有所成就，並嘉惠社會大眾。

Fervent Global Love of Lives Medal

Sponsor : Chou, Ta-Kuan Cultural& Educational Foundation

Creator: Dr. Idea Chu

Material: Bronze

The meaning of the sculpture:

1. Constructed with layers of lines, symbolizing the brave people who overcome the pains and difficulties of life with their indomitable courage and persistence.

2. Presenting the filial piety and the love of family, and the respects to elders and superiors as well.

3. Modeling the eternal glory of humanity of the respectable figures who make sacrifices for others.

4. Symbolizing the spirit of mutual help and bring the society into harmony.

附錄三

全球生命文學創作獎章徵選辦法

一、宗旨：為提倡「熱愛生命」之精神，並鼓勵大家在生命的無限領域
　　自我實現。

二、對象：全球各界人士。

三、主題：題目自訂，自由創作，不論本人或他人真、善、美的生命故
　　事等體裁。

四、獎項：

（一）生命文學創作獎（字數最少六萬字）。評選最佳乙名，獎金新臺
　　　幣十二萬元、獎牌乙座。

（二）生命兒童文學創作獎（字數約三萬字）。評選最佳乙名，獎金新
　　　臺幣十二萬元、獎牌乙座。

（三）生命小作家獎（本項作者限十八歲以下，有關生命故事文長約

一千字二十篇以上或生命小品文長約六百字三十篇以上或生命詩篇五十首以上，每篇生命故事、生命小品及生命詩篇敬請附上插圖。若插圖與文章非同一人，則獎金各半）評選最佳乙名，每名獎金新臺幣十二萬元、獎牌乙座。

五、收件時間：每年四月一日起至九月三十日止郵戳為憑，逾期恕不受理。

六、收件方式：

（一）參加「全球生命文學創作獎」、「全球生命兒童文學創作獎」者，請附兩千字自傳乙篇、生活照兩張、獲獎著作權捐贈本會同意書乙份，以及詳細聯絡電話、地址，自行寄送本會。

（二）參加「全球生命小作家獎」者，敬請學校統一收件，並註明姓名、年齡、就讀學校、班別、指導老師、相關師生詳細聯絡電話、地址，以及獲獎著作權捐贈本會同意書乙份，推薦寄送本會。

七、評審：分初審、複審、決審三階段，由本會敦聘知名文學家、學者擔任評審。

八、公佈：次年一月底公佈得獎名單。

九、頒獎：得獎人將在次年五月十八日周大觀往生紀念日出席得獎新書
　　　　出版發表會並受獎。

十、推廣：得獎作品歸本會所有與推廣，結集成冊，得提供相關公益團
　　　　體義賣，去照顧更多需要照顧的人。

十一、主辦：財團法人周大觀文教基金會（電話：02-29178770，傳
　　　　真：02-29178768，地址：231台北縣新店市明德路52號3樓，網
　　　　址http://www.ta.org.tw，e-mail:ta88@ms17.hinet.net）。

十二、附註：參加徵選作品得獎與否恕不退件。

全球熱愛生命文學獎章
主辦:周大觀文教基金會
創作者:築夢英雄──朱魯青博士
雕塑涵義:
一、以手握筆尖的雕塑，象徵妙筆生花，文采豐碩，描繪出『生命』的故事。
二、以筆鋒稜角的造型，象徵用心寫出生命中的『真情』意境，啟發與分享。
三、以雕琢中的內斂圓融，代表展現內心的『善良』慈悲，創造感人的作品。
四、以各種圓洞的彫刻，象徵著命運的出口與機緣，生命的『美麗』與無限。
Fervent Global Love of Lives Literary Composition Award
Sponsor : Chou, Ta-Kuan Cultural& Educational Foundation
Creator: Dr. Idea Chu
Material: Bronze
The meaning of the sculpture:
　1. Designed with a form like pen-holding, symbolizing the one
　　who has a lively pen to write stories of the life.
　2. Emphasizing the life stories which were written with true
　　loves, and could inspire others.
　3. Expressing the true, the good and the beautiful life, and
　　having a lot of influence on the mankind.
　4. Varied from different round holds, implicating the exits
　　and the opportunities of every life. Life is great and
　　limitless.

希望獎章甄選辦法

一、宗旨：為鼓勵中途輟學學生熱愛生命、改過向上、自助助人、自立
自強、努力向學、自我實現。

二、對象：全國努力向上的中輟生（在國內就讀各級學校因故失學的學
生，自行改過向上，或經機關、學校、公益團體、宗教團體輔導，
有努力向上等事蹟者）。

三、獎章及獎學金：得獎者每名純銅藝術銅雕獎章乙座，並視個案給予
必要獎助。

四、推薦辦法：各學校、機關、社團或個人均得依據本辦法向本會推薦
候選人。

（一）推薦請使用規定之推薦表，填妥努力向上具體事蹟。

（二）請附候選人自傳一篇（最好由候選人自行撰寫，或由推薦人

代筆，至少二千字），內容包含候選人輟學的原因、自行改過向上或接受輔導向上的經過與具體優良事蹟、未來志向。

（三）請附候選人努力向上有關照片八張（包括兩吋照片兩張及4×6生活照片六張）。

五、推薦時間：每年六月一日起至七月三十一日止。

六、評審：由本會銘聘社會公益賢達人士五至七人組成評審委員會，逐一進行初審、調查、複審、決審程序評定得獎人選。

七、頒獎：預定當年十二月中旬頒獎，並透過大眾媒體或網路介紹表揚，以茲鼓勵。

八、指導單位：教育部、內政部兒童局

九、主辦單位：財團法人周大觀文教基金會（電話：02-29188519，傳真：02-29178768，地址：231台北縣新店市明德路52號3樓，http://www.ta.org.tw，e-mail:ta88@ms17.hinet.net）。

十、附記：希望獎章除在推薦期間按規定辦理評審外，如發現有特殊努力向上事蹟者，本會應主動遴選，經評審委員會同意後頒獎，以資鼓勵。

希望獎章
主辦:周大觀文教基金會
創作者:築夢英雄—朱魯青博士
雕塑涵義:
一、以仰角的吹奏造型,象徵『熱愛生命、改過向上、自助助人、
　　自立自強、努力向學、自我實現』,共奏希望樂章。
二、受獎人以用盡丹田之力,將感恩之情,湧泉般的表達出來,
　　感謝愛護幫助的人,以『希望樂章』之音傳播到社會。。
三、雕塑造型的中空律動,代表由內心深處『全心全意』的感動,
　　誠心誠意的改過向上、努力向學,不負大家的希望。
四、以虛實鏤空的造型,象徵著周大觀基金會以『謙卑、慈愛』的精神,
　　主辦『希望』獎章,喚起『熱愛生命』的希望。

The melody of hope Award
Sponsor : Chou, Ta-Kuan Cultural& Educational Foundation
Creator: Dr. Idea Chu
Material: Bronze
The meaning of the sculpture:
1. Designed with the form of a playing-like of trumpet,
   symbolizing the one who make unremitting efforts to improve
   and fulfill himself / herself.
2. Conveying the heartfelt gratitude of the one who won the award.
3. Designing with an empty form in the middlemost part,
   implicating the merciful and modest spirit of the Chou Ta-Kuan
   Foundation. The foundation aims to serve the disadvantages and
   commend those people for being brave or successful.
   They disseminate to the society that what really count in life
   are the love and hope.

各界推薦生命教育輔助資料

【教育部台（九一）社（五）字第91064455號函】

壹、書籍

一、我還有一隻腳
（詩）工本費150元

二、大觀——一位癌症小孩的心聲
（綜合）工本費200元

三、生命之光——周大觀
（傳記）工本費250元

四、小星星的願望——周大觀的故事
（故事）工本費250元

五、生命大地震
（抗癌小博士吳冠億的故事）工本費300元

六、人間天堂
（第一屆全球生命文學獎作品）工本費250元

七、有太陽真好
（第一屆全球小作家獎作品）工本費250元

八、夢想的萌芽
（第二屆全球生命文學獎作品）工本費250元

九、愛，在苦難之後
（十一位生命鬥士瀕臨絕境的生命熱情）工本費250元

十、愛，使生命發光
（十位生命鬥士瀕臨絕境的生命熱情）工本費250元

十一、愛上飛將軍――雷虎將軍林隆獻的生命故事
工本費250元

十二、重新活回來
（台灣瀕死經驗者現身說法）工本費250元

十三、給困頓者點燈
（第六屆全球熱愛生命獎章得主的生命故事）工本費250元

十四、106歲，有愛不老
（第五屆熱愛生命獎章得主許哲的生命故事）工本費250元

十五、兩個人和一所學校
（肌萎勇士馬文仲、風雨兼程谷慶玉的生命故事），工本費260元

十六、只要我還能呼吸
（生命的模範生林淑藝的生命故事），工本費250元

十七、一百個希望
（抗癌小留學生謝立根的生命詩歌），工本費250元

十八、我們都是總統――16位攀越生命巔峰的故事
（第七屆全球熱愛生命獎章得主的生命故事），工本費250元

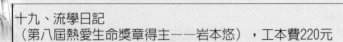

十九、流學日記
（第八屆熱愛生命獎章得主——岩本悠），工本費220元

二十、辛西雅與梅道診所的故事
（緬甸德蕾莎辛西雅的生命故事），工本費220元

二十一、簡單的幸福
（肌萎勇士連家祿的生命故事），工本費180元

二十二、東山再起——困境中的致勝商道
（大東山集團東山再起的故事），工本費250元

二十三、上帝，我對得起
（癌末學者王滿堂教授的生命故事），工本費220元

二十四、因為愛，所以我在
（第八屆全球熱愛生命獎章得主的故事），工本費250元

二十五、我要站起來
（第九屆全球熱愛生命獎章得主輪椅鳳凰梁藝的生命故事），工本費220元

二十六、希望牧場
（輪椅雞王陳全鴻的生命故事），工本費220元

二十七、愛：過去的、現在的以及未來的
（第九屆全球熱愛生命獎章得主的故事），工本費250元

二十八、希望的海
（船長詩人林福蔭的生命詩篇），工本費300元

二十九、不倒的蘆葦
（漸凍英雄蕭建華的生命故事），工本費250元

三十、3499個愛 （抗癌小詩人周大觀的生命故事），工本費280元
三十一、我的「肌萎酒」 （肌萎英雄曾英齊的生命故事），工本費300元

貳、絕版生命教育VCD

一、小太陽——周大觀 （以詩抗癌紀錄片，片長68分）工本費250元
二、不滅的愛——周大觀 （周上觀陪哥哥周大觀抗癌紀錄片，片長65分）工本費250元
三、生命之光——周大觀 （一個圓滿生命的完成，片長70分）工本費250元
四、我還有一隻腳——周大觀的故事 （金鐘電視劇，片長90分）工本費250元
五、生命的樂章（一） （六位第一屆全球熱愛生命獎章得主的故事，片長120分） 工本費250元
六、生命的樂章（二） （十二位第二屆全球熱愛生命獎章得主故事，片長120分） 工本費250元
七、生命的樂章（三） （十六位第三屆全球熱愛生命獎章得主故事，片長120分） 工本費250元
八、生命的樂章（四） （十四位第四屆全球熱愛生命獎章得主故事，片長120分） 工本費250元

九、生命的樂章（五）
（十二位第五屆全球熱愛生命獎章得主故事，片長76分）工本費250元

十、生命的樂章（六）
（十七位第六屆全球熱愛生命獎章得主故事，片長76分）工本費250元

十一、生命的樂章（七）
（十七位第七屆全球熱愛生命獎章得主故事，片長76分）工本費250元

十二、生命的樂章（八）
（十七位第八屆全球熱愛生命獎章得主故事，片長76分）工本費250元

十三、生命的樂章（九）
（十八位第九屆全球熱愛生命獎章得主故事，片長100分）工本費250元

十四、生命的樂章（十）
（十位第十屆全球熱愛生命獎章得主故事，片長100分）工本費250元

十五、和天爭奪孩子的女人
（周媽媽陪愛子大觀抗癌的過程，片長90分）工本費250元

十六、寫出生命的彩虹
（全球首位黏多醣症作家陳雯芳的生命故事，片長30分）工本費250元

十七、活出希望
（趙翠慧、藍約翰、林家瑋的某一天）工本費250元

十八、有愛不老
（新加坡104歲年輕人許哲的生命故事）工本費250元

十九、愛，在苦難之後
（趙翠慧等十一位生命鬥士瀕臨絕境的生命熱誠）工本費250元

二十、解放兒童 （加拿大12歲男童魁格創辦國際解放兒童組織的故事）工本費250元
二十一、生命大地震——抗癌小博士吳冠億的生命故事 （片長76分）工本費250元
二十二、迎向陽光——一個走出癌症陰影的家庭 （周大觀一家人走出癌症陰影的生命故事，片長76分）工本費250元
二十三、戰勝死神——中國毛蘭的生命故事 （片長76分）工本費250元
二十四、反毒扶貧——哥倫比亞英雄葛藍的生命故事 （片長76分）工本費250元
二十五、上帝，我對得起 （癌末學者王滿堂教授的生命故事），工本費250元
二十六、絕境逢生 （梁藝和周大觀故事），工本費250元
二十七、周大觀熱愛生命 工本費250元
二十八、獻血狀元周進財 工本費250元

欲購者，郵政劃撥：19117127
戶名：周大觀文教基金會
電話：02-29178770　　傳真：02-29178768
地址：231新北市新店區明德路52號3樓
網址：http://www.ta.org.tw　　e-mail：ta88@ms17.hinet.net

周大觀文教基金會義工同意書

我願意……

☐ 義工同意書——每年奉獻36小時

☐ 大觀之友同意書——每年認捐一千元

姓名：＿＿＿＿＿＿＿＿＿＿＿＿＿＿＿＿＿＿＿＿

生日：＿＿＿＿＿＿＿＿＿＿＿＿＿＿＿＿＿＿＿＿

現職：＿＿＿＿＿＿＿＿＿＿＿＿＿＿＿＿＿＿＿＿

通訊處：＿＿＿＿＿＿＿＿＿＿＿＿＿＿＿＿＿＿＿

電話：＿＿＿＿＿＿＿＿＿＿＿＿＿＿＿＿＿＿＿＿

e-mail：＿＿＿＿＿＿＿＿＿＿＿＿＿＿＿＿＿＿＿

學歷：＿＿＿＿＿＿＿＿＿＿＿＿＿＿＿＿＿＿＿＿

經歷：＿＿＿＿＿＿＿＿＿＿＿＿＿＿＿＿＿＿＿＿

專長：＿＿＿＿＿＿＿＿＿＿＿＿＿＿＿＿＿＿＿＿

適合擔任何種義工：

☐ 行政　☐ 活動　☐ 企劃　☐ 其他

適合擔任義工之時間

☐ 白天　☐ 晚上　☐ 假日　☐ 其他

我有認識的親友，可能是基金會關懷的對象

姓名：＿＿＿＿＿＿＿＿＿＿＿＿＿＿＿＿＿＿＿＿

電話：＿＿＿＿＿＿＿＿＿＿＿＿＿＿＿＿＿＿＿＿

我們不能決定生命的長度
但我們可以決定生命的豐富

◎ 有錢出錢，有力出力，愛心無價。

◎ 送愛到醫院行動：長期送愛到全球各地兒童重症病房——床邊教學、說故事、陪伴等關懷活動，讓所有病房有歡笑、有禮物、有音樂、有魔術……

◎ 生命勇士圓夢行動：為全球生命勇士舉辦出書、畫展、演奏會，或國內外圓夢之旅。

◎ 隨時推薦全球熱愛生命獎章、生命文學創作獎章、希望獎章等人選予本會，並及時通報最需要關懷，幫助的對象予本會。

郵撥：19117127　電話：02-29178770　　傳真：02-29178768

http://www.ta.org.tw　　E-mail:ta88@ms17.hinet.net

國家圖書館出版品預行編目資料

不倒的蘆葦/蕭建華著.

第一版——臺北市：宇炯文化 出版：

紅螞蟻圖書發行，2007.10

面 ； 公分. ——（森心靈；48）

ISBN 978-957-659-636-0（平裝附數位影音光碟）

1.蕭建華 2.傳記 3.運動神經元疾病

783.3886 96017182

森心靈 48

不倒的蘆葦

作　　者/蕭建華
攝　　影/鄭寶琳
美術編輯/Chris' Office
校　　對/朱惠倩
發 行 人/賴秀珍
總 編 輯/何南輝
出　　版/宇炯文化出版有限公司
發　　行/紅螞蟻圖書有限公司
地　　址/台北市內湖區舊宗路二段121巷19號（紅螞蟻資訊大樓）
網　　站/www.e-redant.com
郵撥帳號/1604621-1　紅螞蟻圖書有限公司
電　　話/(02)2795-3656（代表號）
傳　　真/(02)2795-4100
登 記 證/局版北市業字第1446號
法律顧問/許晏賓律師
印 刷 廠/卡樂彩色印刷有限公司
出版日期/2007年10月　第一版第一刷
　　　　　2014年6月　第一版第九刷

定價250元　港幣83元

ISBN 978-957-659-636-0　　　　　Printed in Taiwan